Editha Wüst, Sabine Schieferle

Zahl und Stein

Editha Wüst, Sabine Schieferle

Zahl und Stein

Numerologie und Heilsteine

Bücher haben feste Preise.

2. Auflage 2018

Editha Wüst/Sabine Schieferle
Zahl und Stein

Titelseite:
Fotografie: Landschaft: Olaru Radian-Alexandru/shutterstock.com;
Steine: Ines Blersch
Gestaltung: Dragon Design, GB

Satz und Gestaltung:
Dragon Design, GB
Gesetzt aus der Minion

Gesamtherstellung: Appel & Klinger, Schneckenlohe
Printed in Germany

ISBN 978-3-89060-615-6

Neue Erde GmbH
Cecilienstr. 29 · 66111 Saarbrücken
Deutschland · Planet Erde
www.neue-erde.de

Es gibt Minuten, in denen
alle verborgenen Edelsteine der Seele offenliegen.

Robert Musil
(österreichischer Schriftsteller)

Bitte beachten Sie:
Alle Zahlen und Erkenntnisse sind wertfrei zu sehen, denn jede Zahl besitzt ihre Stärken und Schwächen – es gibt kein Gut oder Böse, kein Richtig oder Falsch.

Wir empfehlen, die vielfältigen Wirkungen der Steine bei sich selbst auszuprobieren und offen zu sein für die Inspiration, die wir mit diesem Buch weitergeben möchten. Die Empfehlungen der Steine wirken meist dort, wo Energiedefizite im Menschen vorhanden sind, so auch die Edelstein-Zahlen-Essenzen, die mit ihrem Zahlencode das Heilwerden unterstützen.

Die Autorinnen und der Verlag übernehmen jedoch keine Garantie und schließen Haftungsansprüche in Bezug auf den Inhalt dieses Buches gänzlich aus. Bei ernsthaften gesundheitlichen Beschwerden wenden Sie sich bitte an Ihren Arzt oder Heilpraktiker.

Numerologische Auswertungen sollten nur mit Einverständnis der auszutestenden Person gemacht werden. Ausnahmen sind hierbei Familienmitglieder, verstorbene Personen oder Menschen, die ihre Daten freigegeben haben, etwa Politiker, Schauspieler, Musiker usw. Urteilen und Verurteilen sollte vermieden werden.

Mit Dritten darf selbstverständlich nicht über das Resultat der Analyse gesprochen werden.

Jede Namensanalyse ist Energiearbeit, dadurch können Veränderungen eintreten, die selbstverständlich auch Auswirkungen haben. Denken wir an das Gesetz von Ursache und Wirkung, denn wir müssen auch hier die Verantwortung übernehmen, auch dann, wenn wir anderen helfen möchten.

Inhalt

Anhang

Vorwort

Mit dem Buch »Das große Handbuch der Numerologie« haben wir eine umfassende Einführung in die Welt der Zahlen gegeben. Dort erfahren Sie ausführlich alles über die Berechnung der Zahlen Ihres Namens und Geburtsdatums. Sie erhalten ein vielschichtiges Charakterbild, erfahren viel über Ihre Stärken und Schwächen und Ihr Lebensziel…

In diesem Buch möchten wir nun die Numerologie mit der Steinheilkunde verbinden. Die Steine ebenso wie bestimmte Buchstaben bzw. daraus abgeleitete Zahlen aktivieren archetypische Kräfte in uns und haben damit Einfluss auf das feinstoffliche Energiesystem des Menschen. Jede Zahl und jeder Buchstabe, jeder Stein, jeder Mensch und jedes Tier, alles, was auf dieser Welt sichtbar ist, entspringt göttlichen Ideen, die über Farben und Klänge Schwingungen erzeugen und so Energien aussenden.

Seit über zehn Jahren arbeite ich, Editha Wüst, mit Heilsteinen und wende diese zur Unterstützung auch in meinen numerologischen Beratungen an. Diese Schätze aus der Natur tragen dazu bei, die Schwächen einer berechneten Zahl im Menschen auszugleichen und die Stärken zu unterstützen.

In diesem Buch finden sich neben einer kurzen Einführung in die Numerologie und in die Edelsteinheilkunde die Zahlen von 0 bis 9 mit ihren zugehörigen Edelsteinen.

Herzlichst
Editha Wüst und Sabine Schieferle

Einführung in die Welt der Numerologie

Die Numerologie ist eine der ältesten Geheimwissenschaften, die uns tiefe Einblicke in unseren Charakter, unsere Stärken und Schwächen liefern kann. Es gibt keinen alten Kulturkreis ohne Zahlenmystik. Die Mathematiker des Altertums haben Zahlen oft als Symbole allumfassender und göttlicher Schicksalsfügungen beschrieben. Sie hielten sie nicht für Zeichen, sondern für Sinnbilder der Persönlichkeit. Bereits in der Antike wurde festgestellt, dass der Name eine Auswirkung auf den Charakter hat. So fand man Eigenschaften, die in den Buchstaben und Silben verborgen waren. Jeder Zahl wird eine eigene Qualität und Energie zugeordnet, und so können wir die Frage: »Wer bin ich?« tiefgreifender beantworten.

Die Zahlen wollen uns ihre Weisheit offenbaren, indem wir fragen:

Welche Zahlen sind bei uns vertreten, welche nicht? Aus dem Namen und dem Geburtsdatum entschlüsseln wir das Schicksal. Die Numerologie erweitert den Horizont und lässt uns das Leben aus verschiedenen Blickwinkeln betrachten und verstehen. Sie zeigt Talente und Neigungen zum Zeitpunkt der Geburt. Auch eine Neugeburt, ein Neubeginn im Leben, wie Heirat, Geschäftsgründung, Eintritt in eine Firma oder Kauf eines Hauses, können wir mit der Numerologie ganzheitlich betrachten. Alles, was einen Namen trägt, kann geprüft und erklärt werden.

Diese Zahlen zu ermitteln und zu deuten, ist die Aufgabe der Numerologie.

Kurz gesagt: Über die Berechnung der Numerologie erfahren wir mehr über

- unseren Namen, unser Geburtsdatum und uns selbst;
- unsere Fähigkeiten, Talente, Lebensaufgabe und unser Lebensziel;

- unsere Stärken und Schwächen;
- den idealen Beruf;
- neue Perspektiven in unserem Leben;
- den idealen Zeitpunkt für Veränderungen.

Eine ausführliche Darstellung der ganzen Numerologie finden Sie in unserem Buch »Das große Handbuch der Numerologie«, das 2010 im Iris Verlag (Imprint bei Neue Erde) erschienen ist. Hier erhalten Sie alles Wissen über Ihre persönliche Namensanalyse durch die Berechnung der Namenszahl, Herzzahl, Persönlichkeitszahl, den Schicksalsweg und die Seelenmotivation.

In diesem vor Ihnen liegenden Buch beschäftigen wir uns mit der Namenszahl, der Schicksalszahl und der Lebenszielzahl.

Die **Namenszahl (NZ)** ergibt sich aus der Quersumme aller Buchstabenwerte des Namens. Sie zeigt das irdische Karma und ist damit Träger von Schicksal und Charakter aus der Familie. Sie enthält die Persönlichkeit und die Art und Weise, wie wir den Lebensweg meistern.

Die **Schicksalszahl (SZ)** ergibt sich aus der Quersumme des Geburtsdatums. Diese Zahl zeigt das Schicksal, die menschliche Bestimmung auf Erden sowie die Talente und Fähigkeiten, die wir erarbeiten oder ablegen sollten.

Das **Lebensziel (LZ)** ergibt sich aus der Quersumme von Namenszahl und Schicksalszahl. Diese Zahl zeigt vor allem, was in der zweiten Lebenshälfte (ab dem 35. Lebensjahr) wichtig ist bzw. sein wird, sowie unsere Wirkungsmöglichkeiten. Das Unterbewusstsein erfasst, was im Leben noch wichtig ist, was noch umgesetzt und erlernt werden sollte. Wir erkennen und ernten dann »die Früchte unserer Arbeit«.

Welche persönlichen Zahlen bringen wir mit?

Aus dem Namen und dem Geburtsdatum können wir die nachfolgend genannten Zahlen berechnen. Durch eine Heirat ändern sich die Zahlen in der Namensanalyse. Es kommen die Schwingungen der neuen Familie hinzu.

Dem irdischen Karma entnehmen wir:

- Namenszahl
- Herzzahl
- Persönlichkeitszahl
- Schicksalsweg
- Seelenmotivation

Das Lebensziel entsteht aus der Verbindung des irdischen und des kosmischen Karmas.

Dem kosmischen Karma ordnen wir zu:

- Schicksalszahl
- Geburtstagszahl

Die **Namenszahl (NZ)** ergibt sich aus der Quersumme aller Buchstabenwerte des Namens.

Sie zeigt unser irdisches Karma und ist damit Träger von Schicksal und Charakter aus unserer Familie. Sie zeigt unsere Persönlichkeit und die Art und Weise, wie wir unseren Lebensweg meistern.

Die **Herzzahl (HZ)** ergibt sich aus der Quersumme der Zahlenwerte der Selbstlaute (Vokale) des Namens.

Sie offenbart unsere Persönlichkeit, unser Innerstes, unsere Gefühle gegenüber unseren Mitmenschen und unserer Umwelt.

Die **Persönlichkeitszahl (PZ)** ergibt sich aus der Quersumme der Zahlenwerte der Mitlaute (Konsonanten) des Namens.

Diese Zahl zeigt, wie wir nach außen wirken und wie andere uns sehen oder was andere von uns – aufgrund des Bildes, das sie von uns haben – erwarten.

Die **Schicksalszahl (SZ)** ergibt sich aus der Quersumme des Geburtsdatums.

Diese Zahl zeigt unser Schicksal, unsere Bestimmung auf Erden sowie unsere Talente und Fähigkeiten, die wir uns erarbeiten oder überwinden sollten.

Die **Geburtstagszahl (GZ)** ergibt sich aus der Quersumme des Geburtstages.

Sie zeigt unsere Vergangenheit, das seelisch-geistige Erbe, die Essenz des letzten Lebens. Wir sollten dies als Geschenk erkennen, das wir positiv umsetzen sollten. Damit erhalten wir wichtige Zusatzinformationen zu unserer Schicksalszahl.

Der **Schicksalsweg (SW)** ergibt sich aus der Quersumme von Herzzahl und Persönlichkeitszahl und ist identisch zu unserer Namenszahl.

Der Schicksalsweg zeigt uns den Weg, den wir finden und gehen sollten.

Das **Lebensziel (LZ)** ergibt sich aus der Quersumme von Namenszahl und Schicksalszahl.

Diese Zahl zeigt vor allem, was in unserer zweiten Lebenshälfte (ab dem 35. Lebensjahr) wichtig ist bzw. sein wird, außerdem unsere Wirkungsmöglichkeiten und ebenso die Früchte unserer Arbeit.

Die **Seelenmotivation (SM)** ergibt sich aus der Quersumme der jeweiligen Anfangsbuchstaben unseres Namens.

Diese Zahl zeigt, warum wir auf der Welt sind, was wir lernen wollen und sollten. Die Seelenmotivation ist also so etwas wie der Türöffner zum Schicksalsweg.

Welche persönlichen Zahlen bringe ich mit?

Von unseren Eltern haben wir einen Namen erhalten, und durch die Geburt auch ein Geburtsdatum. Diese Zahlen sagen vieles über unseren Weg, unser Lebensziel und über die Hindernisse, die wir überwinden müssen. Wenn wir unsere Zahlen kennen, wissen wir auch, welche Aufgaben wir haben und welche Möglichkeiten für Veränderungen wir in unserem Leben erwarten können.

Durch den Namen, den wir von unserer Sippe bekommen, bringen wir unser *irdisches Karma und unseren »freien Willen«* mit. Mit dem »freien Willen« gesteht uns die Göttlichkeit zu, in Freiheit zu leben. Von unseren Eltern bekamen wir für unser irdisches Leben ihre Gene mit, und von unserer Sippschaft »erhielten« wir Prägungen, Glaubenssätze, Emotionen, Erfahrungen und Traditionen – im Guten, wie im Schlechten.

Die Numerologie zeigt uns unsere Fähigkeiten und Schwächen auf. An ihnen können wir sehen, an welchen Themen wir »arbeiten« müssen, um alles ins Lot zu bringen. Das irdische Karma schließt Belehrungen und Anweisungen für bestimmte Verhaltensweisen und sogar Warnungen mit ein. Dies ist aus gutem Grund so. Wir sind hier, um zu lernen und um uns geistig ständig weiterzuentwickeln. Die Hinweise, die wir erhalten, sind Wegweiser, die uns den Weg zur Erfüllung unseres kosmischen Karmas anzeigen.

An unserem GeburtsTAG wird uns das *kosmische Karma, der »göttliche Wille«* mit auf den Weg gegeben. Der »göttliche Wille« führt uns zu unserem Lebensziel und dazu, unseren Seelenauftrag zu erfüllen. Im Geburtsdatum wurde das Wachstum, das unser Seelenbewusstsein dafür benötigt, codiert hinterlegt. Dies wurde bereits in der geistigen Welt – also vor unserer tatsächlichen Geburt – mit uns zusammen in einer Art Vertrag festgelegt. Wir wurden deshalb zu einem bestimmten Datum und zu einer ganz bestimmten Uhrzeit geboren.

Ihr Name bringt das *irdische Karma* mit, das heißt, den freien Willen zu haben, unser Leben zu gestalten.

Gene aus der Familie führen zu:

- Prägungen
- Emotionen
- Gesundheit
- Erfahrungen
- Traditionen

Ihr Geburtsdatum bringt das *kosmische Karma* mit, das heißt, den göttlichen Willen wahrzunehmen.

Welche Erfahrungen braucht die Seele? Was müssen wir in diesem Leben lernen?

Was haben wir uns vorgenommen?

Die Berechnung der Zahlen

Von Beginn unseres Lebens an sind wir mit den persönlichen Geburts- und Namenszahlen ausgestattet. Diese geben uns Aufschluss über die Lektionen, die wir im Leben zu lernen haben, wie auch über das spirituelle Wachstum und die Entwicklung, zu der wir fähig sind. Viele Menschen haben ähnliche oder sogar gleiche Zahlen, aber durch die gegebenen Lebensumstände lebt jeder sein eigenes Leben, seine Zahlen anders als seine »Zahlenkollegen«. Auch nimmt die jeweilige Kultur und das Umfeld Einfluss auf den Lebensweg, und die Gene und Prägungen, die uns mitgegeben wurden, formen uns ebenfalls. Interessen, Überzeugungen und Wertvorstellungen machen uns zu individuellen Menschen, und irgendwann im Leben tauchen die Fragen auf: Wer bin ich? Woher komme ich? Wohin führt mein Weg?

Ein guter Ansatzpunkt, diese Fragen zu beantworten, ist, mit dem eigenen Namen zu beginnen und ihn zu analysieren. Sind Sie sich bewusst, wie groß die Wirkung eines Namens ist? Der Name eines Menschen ist niemals zufällig gewählt, sondern entspricht dem Auftrag und Anliegen der Seele. Der eigene Name hilft uns, unsere Lebensaufgabe zu erfüllen.

In diesem Kapitel zeigen wir *wie* die Berechnung funktioniert. Wir verwenden die Zahlen 0 bis 9 und die Doppel- bzw. Leitzahlen 11, 22, 33 und 44.

Mit Hilfe der nachfolgenden Tabelle können wir jedem Buchstaben einen Zahlenwert, eine Schwingung zuordnen. Unter das Wort oder den Namen, den wir berechnen wollen, schreiben wir den zugehörigen Zahlenwert. Danach müssen alle Zahlen zusammengerechnet und auf eine einstellige Zahl reduziert werden.

Berechnungsbeispiel eines Namens

Jeder Name hat eine ganz charakteristische Schwingung. Jeder Buchstabe untersteht einer Zahl, jede Zahl hat ihre Bedeutung. Diese Aussage verleiht jedem Namen seine individuelle Energie und geht mit unseren Mitmenschen in Verbindung, in Resonanz.

Zur Berechnung wird der Vor- und Nachname, der in den Pass eingetragen ist, genommen. Mit diesem Namen identifizieren wir uns, denn er hat gegenwärtig die stärkste Schwingung. Dies gilt besonders bei verheirateten Frauen und Männern, die den Namen des Partners angenommen haben.

Der Taufname bleibt jedoch als »roter Faden« und wichtige Grundbotschaft immer bestehen. Für verheiratete Frauen ist die Errechnung des Geburtsnamen interessant, als kleine Chronik, um zu erkennen, welche Lebensthemen bis zu ihrer Heirat anstanden.

Namenszusätze wie »von« und Titel wie »Professor«, »Doktor« oder »Ingenieur« werden (abgekürzt) mitberechnet. Namen einer anderen Sprache und Kultur sollten in ihrer Originalform bzw. Sprache berechnet werden, die Schwingung der Buchstaben und Zahlen bedeuten jedoch das gleiche.

Vornamen mit Bindestrich oder Doppelnamen werden als ein Name angesehen. Anna-Lena wird zu AnnaLena oder Maier-Huber zu MaierHuber. Regelmäßig benutzte zweite Vornamen oder deren Anfangsbuchstaben werden ebenso gerechnet. Wenn die errechnete Namenszahl nicht so gut mit der Schicksalszahl harmoniert, können Sie weitere Vornamen oder Abkürzungen berechnen. (Siehe auch unser Buch »Das große Handbuch der Numerologie«, Seite 171 ff.)

Mit einer persönlichen Berechnung geben wir Ihnen ein Beispiel.

Zuordnungstabelle nach Pythagoras:

Als erstes müssen wir die Buchstaben durch Zahlen ersetzen. Deutsche Umlaute und ß werden wie üblich umgewandelt: Ä = AE, Ö= OE, Ü = UE und ß = SS.

1	2	3	4	5	6	7	8	9
A	B	C	D	E	F	G	H	I
J	K	L	M	N	O	P	Q	R
S	T	U	V	W	X	Y	Z	

Je häufiger man mit der Tabelle arbeitet, desto leichter wird der Umgang mit ihr.

S	A	B	I	N	E		S	C	H	I	E	F	E	R	L	E
1	1	2	9	5	5		1	3	8	9	5	6	5	9	3	5

Danach ziehen wir die Quersumme aus der o. g. Zahlenreihe.

In diesem Fall ist es die Zahl 77 und diese reduzieren wir, bis sie zur Einzelzahl wird.

1. Schritt: 1 + 1 + 2 + 9 + 5 + 5 + 1 + 3 + 8 + 9 + 5 + 6 + 5 + 9 + 3 + 5 = 77
2. Schritt: 7 + 7 = 14
3. Schritt: 1 + 4 = 5

Die Namenszahl von Sabine Schieferle ist also die 5.

Sich selbst zu beurteilen, ist schwierig, es ist wichtig, objektiv zu sein und seiner Intuition zu folgen. Betrachten Sie offen Ihre Schwächen, akzeptieren Sie sie, aber verbinden Sie sich mit Ihren Stärken. Jede Zahl hat positive und negative Schwingungen. Wir müssen uns bewusst machen, auf welcher Seite wir im Moment stehen.

Berechnungsbeispiel eines Datums

Anhand eines Geburtsdatums erklären wir die Berechnung. Das Geburtsjahr wird ausgeschrieben, also **1975** nicht nur **75**.

Wir nehmen als Beispiel das Geburtsdatum 16.9.1975
und rechnen wie folgt:
= 1 + 6 + 9 + 1 + 9 + 7 + 5 = 38
= 3 + 8 = 11

Zuerst zählen wir die einzelnen Zahlen des Geburtsdatums zusammen. Aus der Endsumme erstellen wir wiederum die Quersumme, bis wir eine der Grund- bzw. der Leitzahlen erhalten haben. Im oben aufgezeigten Beispiel handelt es sich um die Doppelzahl 11 (siehe Kapitel »Doppelzahlen«). Da sie eine Leitzahl ist, wird nicht mehr die Quersumme genommen.

Berechnungsbeispiel der Lebenszielzahl
Haben Sie Ihre Namenszahl und Ihre Schicksalszahl errechnet, ergibt sich aus der Quersumme der beiden Zahlen Ihre Lebenszielzahl. Das Lebensziel zeigt, was in unserer zweiten Lebenshälfte (ab dem 35. Lebensjahr) wichtig ist bzw. sein wird, sowie unsere Wirkungsmöglichkeiten, das, wonach wir im Innersten streben, und es zeigt die Früchte unserer Arbeit, die wir ernten können.

Namenszahl 5 + Schicksalszahl 11
5 + 11 = 16
1 + 6 = 7

Die Lebenszielzahl lautet 7

Nun kennen wir den Rechenweg für jeden Namen, jedes Wort und jedes Datum. Auf den folgenden Seiten zeigen wir, wie man seine persönlichen Zahlen findet, und erklären dann, was sie bedeuten. Einiges mag überraschen, vieles wird sich bestätigen und manches wartet noch darauf, anerkannt, entfaltet und umgesetzt zu werden. Die praktische Umsetzung der Zahlenkenntnis besteht darin, die positiven Eigenschaften zu leben und sich die negativen bewusstzumachen. Mit jedem Wunsch, jedem Gedanken und jeder Aufmerksamkeit, die wir unserer Bestimmung schenken, nähren wir deren Entfaltung, und je öfter wir uns mit der Kraft der Gedanken für eine Lösung unserer Aufgaben einsetzen, desto näher kommen wir unserem Ziel.

Wichtig: Prüfen und rechnen Sie Ihre Zahlen aus der Tabelle und die Rechenschritte immer nach, denn es kann sich schnell einmal ein Fehler einschleichen.

Doppel- und Meisterzahlen

Doppel- und Meisterzahlen ergeben sich, wenn bei einer Namenszahl, beim Geburtsdatum oder bei der Lebenszielzahl eine Doppelung einer

Zahl vorkommt, z. B. der 1 bei 29/11, 38/11, 47/11 und bei den Zahlen 22, 33 und 44.

Doppelzahlen, auch Leitzahlen genannt, haben die gleiche Bedeutung wie die Einzelzahlen, sind aber eine deutliche Verstärkung des vorhandenen Potentials. Die Zahlen: 11, 22, 33 und 44 sind Haupt-Leitzahlen und sollten nicht auf eine einstellige Grundzahl reduziert werden. Sie entspringen der folgenden Symbolik: Die Zahlen 1, 2 und 3 sind geistige Zahlen, mit der Zahl 4 erschaffen wir die Materie. Die Doppelzahlen 55, 66, 77, 88 und 99 sind untergeordnete Schwingungen der 4 Leitzahlen. Die Doppelzahlen bieten die Chance, Hindernisse und Schwierigkeiten im Leben zu lösen und Prüfungen zu bestehen.

Unsere Fortschritte werden immerzu durch bestimmte Situationen oder Widerstände »geprüft«, und dabei werden die bisher gesammelten Erkenntnisse gefestigt. Diese Prüfungen werden mit der Zeit immer kleiner und unproblematischer ausfallen, so lange, bis wir unsere Lernaufgabe endgültig bewältigt haben. Sind die negativen Aspekte der Doppelzahlen aufgearbeitet und wird nur das Positive gelebt, so werden die Doppelzahlen zu Meisterzahlen.

Leitzahlen erfordern viel energetische Arbeit, bieten aber auch große Erfolgsmöglichkeiten.

Meisterzahlen sind ebenfalls Doppel-Kombinationen der Zahlen 1, 2, 3 und 4, z. B. 11, 22, 33 und 44, aber auch drei oder vier gleichen Zahlen: 111, 2222, 333, 4444 usw. Durch ihre Doppelung sind sie eine Verstärkung der jeweiligen Grundzahl. Die positiven Aspekte der Zahlen kommen bei den Meisterzahlen in gesteigerter Form zum Ausdruck. Die Aufgabe besteht darin, Gegensätze in Einklang zu bringen. Das Außen und das Innen, den Körper und den Geist, den Verstand und das Herz…

Doppelzahlen bewegen sich auf der irdischen, materiellen Ebene, Meisterzahlen beschäftigen sich mit Möglichkeiten auf der spirituellen Ebene. Menschen mit einer Meisterzahl werden so lange vom Schicksal geprüft, bis das Lernziel der entsprechenden Zahl erfüllt ist. Das heißt: Die Energien dieser Meisterzahlen sind so lange blockiert, bis die positiven Aspekte gelebt werden. Durch die Erfahrungen und Lernprozesse, die gemacht werden, können die Menschen zum Vorbild und Ratgeber für ihre Mitmenschen werden. Die Schwingung der einfachen Zahl wird durch Verdoppelung des Einflusses eine solche Klarheit erhalten, dass man die Endform als meisterlich bezeichnen kann. Wir sind mit unserem Höheren Selbst verbunden, integrieren das göttliche Wissen in unser Leben und erhöhen dadurch die gesamte Schwingung. Das spirituelle Leuchten wird vollkommen in unserem feinstofflichen Körper integriert. Wir verschmelzen sozusagen mit unseren Seelenanteilen und werden zum Meister unseres Lebens.

Diese Meisterschaft ist ein längerer Entwicklungs-, Erfahrungs- und Erkenntnisprozess, der viel energetische Arbeit auf der körperlichen, seelischen und geistigen Ebene bedeutet. Machen Sie sich die Doppel- bzw. Meisterzahl zu Ihrer Lieblingszahl. Sie wird Ihnen im Alltag oft begegnen und Ihnen bestätigen, dass Sie auf dem richtigen Weg sind.

Eine ausführliche Erklärung mit Bedeutung der einzelnen Zahlen finden Sie in unserem Buch »Das große Handbuch der Numerologie«.

Was haben Zahlen und Edelsteine gemeinsam?

Das gesamte kosmische Sein ist in kollektiven Prinzipien und Gesetzmäßigkeiten gebündelt. Die gemeinsamen Eigenschaften und Qualitäten spiegeln sich in den verschiedenen Menschen, Tieren, Pflanzen, Steinen, Symbolen und jedem Gegenstand, um in unterschiedlichsten Formen und Klängen zum Ausdruck zu kommen. Durch diese gemeinsame Schwingung treten z. B. Menschen mit bestimmten Steinen in Resonanz, genauso wie die Zahlensymbolik mit Edelsteinen.

Die Zuordnung von Zahlen zu bestimmten Edelsteinen beruht demzufolge auf ihren Gemeinsamkeiten. Sie drücken auf unterschiedlichen Seinsebenen dieselben Qualitäten aus. Zahlen sind sehr vielschichtig, und man kann ihnen mehr Steine zuordnen, als wir in den nachfolgenden Kapiteln beschreiben konnten. Für dieses Buch wurden Steine ausgewählt, die unserer Meinung und Erfahrung nach am besten zu den jeweiligen Zahlen passen und den Anwender besonders unterstützen, seine Talente und Fähigkeiten zu steigern und seine jeweiligen Ziele zu manifestieren. Bei charakterlichen Schwächen und negativen Prägungen wirken Steine ebenfalls sehr ausgleichend, und es ist mitunter eine Herausforderung, sich Edelsteine für Zahlen, die nicht in der Berechnung vorkommen, auszusuchen.

Unsere Auswahl sollte nicht als festgelegt und unveränderlich angesehen werden, sondern als Anregung dienen, bei sich die verschiedensten Steine auszuprobieren, um festzustellen, welcher Edelstein die eigene Energie erhöht und die jeweilige Situation unterstützt. So möchten wir jeden ermutigen, offen zu sein, um die vielfältigen Wirkungen der Edelsteine kennenzulernen.

Edelsteine können nicht nur nach Wirkung, sondern auch mit kinesiologischen Tests, einem Biotensor, Pendel oder auch nur nach Farbe, Aussehen oder Intuition ausgewählt werden.

Einführung in die Welt der Edelsteine

Wie wirken Edelsteine?

Edelsteine tragen eine Ewigkeit in sich. Sie sind die Schätze der Mutter Erde, und wir Menschen sind von ihrer Schönheit, ihrem Glanz, ihrer Farbe und Klarheit fasziniert. Aber Edelsteine dienen nicht nur der Schönheit, sondern besitzen auch Heilkräfte. Sie unterstützen unsere Entwicklung, verhelfen zu körperlicher Gesundheit und geistigem Wohlbefinden.

Zu recht fragt sich der moderne Mensch, an Tabletten, Salben und Arzneien gewöhnt, was bei Steinen wirklich wirken soll. Wie soll ein Stein, der doch offenbar starre Materie ist, auf einen lebenden Organismus Einfluss nehmen können? – Er tut dies über folgende Faktoren: die Schwingung der natürlichen Farben und seiner kristallinen Strukturen, seine chemischen Bestandteile, seine Dichte sowie seinen Härtegrad. Edelsteine verbinden uns zusätzlich mit den stärkenden Schwingungen der Mutter Erde und übermitteln zugleich kosmische Energien.

So wohnt jedem Stein ein göttliches Urprinzip, eine archetypische Struktur, eine Grundidee inne. Mit dieser Grundidee, der kosmischen Schwingung, treten wir beim Kontakt mit dem Stein in Resonanz. Da im Leben alles auf Schwingung beruht, die Lebensenergie aber am wirkungsvollsten auf feinste Reize reagiert, sind diese Energien in der Lage, die verstimmte Lebenskraft eines Individuums wieder ins Lot zu bringen.

Die Verbindung von Edelsteinen mit Zahlen gibt der Persönlichkeit die Chance, vorübergehende allgemein-menschliche negative Gemütsschwankungen wie z. B. Groll, Neid, Zorn, Missgunst, Arroganz, Lüge, Gier, Betrug, Eifersucht oder Unsicherheit in den Griff zu bekommen. Zielsetzung ist die Selbsterkenntnis, die Stabilität der Persönlichkeit und die harmonische Entfaltung. Der Mensch wird dann resistent gegen seelische und psychosomatische Erkrankungen. Menschen, die zu Heilsteinen greifen, sind offen für Heilungen, denn der Edelstein gibt Informationen an seinen Träger weiter, aktiviert bestimmte Energiezentren, wie z. B. Chakren und Meridiane, reinigt und stabilisiert dazu die Aura.

Viele Menschen spüren beim Tragen eines Steines eine sofortige Wirkung. Manche über eine Entspannung oder Wärme im Körper, über Gefühle der Freude und Liebe oder auch über das Loslassen von negativen Gedankenmustern.

Die moderne Steinheilkunde ermöglicht es, das Wissen über die Edelsteine vielen Menschen zugänglich zu machen. Wenn wir diese nun tragen oder auflegen, werden universelle Ordnungsstrukturen und Kräfte frei, die auch auf der Körperebene Blockaden, Verspannungen und Krankheiten im Menschen heilen können.

Viele eigene Erfahrungen, Berichte von anderen Anwendern und Veröffentlichungen in Steinheilkundebüchern bestätigen die besondere Wirkungsweise von Edelsteinen.

Der richtige Umgang mit Edelsteinen

Da wir mit Edelsteinen in Resonanz gehen, nehmen sie Schwingungen unserer negativen Gedanken und Gefühle auf und geben dem Träger ihre positive Energie. Sie reinigen und schützen auf diese Weise, jedoch verlieren sie möglicherweise ihre Kraft, verändern ihre Farbe und strahlen dazu auch unerwünschte Energien aus.

Deshalb ist es wichtig, diese edlen Steine von Zeit zu Zeit zu reinigen.

Wenn ein Stein neu zu Ihnen kommt, sollte er von Fremdschwingungen (Bearbeitung, Lagerung usw.) befreit werden:

- Halten Sie den Stein unter fließendes Wasser und stellen Sie sich gedanklich vor, wie Negatives vom Wasser mitgenommen wird. Sie können den Stein auch auf ein Amethystdrusenstück legen. Der Amethyst bleibt als einziger Stein neutral, transformiert alle Unreinheiten.

  Wenn Sie einen Stein für eine Heilbehandlung benutzt haben, ist es gut, ihn in eine leichte Meersalzlauge zu legen. Achtung! Nicht jeder Stein ist dafür geeignet (z. B. Türkis, Malachit, Azurit, Selenit u. a.). Im Zweifelsfall stellen Sie ein Glasschälchen ins Salz, in das Sie den Stein legen können.

- Nach jeder Reinigung können Sie die Edelsteine wieder energetisch aufladen, indem Sie diese, in einer Glasschale oder großen, flachen Muschel, ans Tageslicht, nicht ins pralle Sonnenlicht, legen. Sie können Steine auch mit der Kraft der Gedanken sowie der eigenen Vorstellungskraft reinigen und wieder aufladen.

  Gehen Sie nach Ihrem Gespür und prüfen Sie, wann der Stein wieder ganz rein und energetisiert ist.

Wenn Steine zu sehr beansprucht wurden, können sie trübe, unansehnlich oder auch rissig werden. Auch wenn ein Stein zu Boden fällt und entzweigeht, ist das kein Zufall. Wahrscheinlich hat er viel negative Schwingung von Ihnen mitgenommen. Bedanken Sie sich bei Ihrem Stein für seine Hilfe und geben Sie ihn der Mutter Erde zurück.

Behandeln Sie Ihre Steine mit Liebe und Achtung, und bewahren Sie Ihre Steine an einem schönen Ort auf, verbinden Sie sich mit Ihnen, so oft es geht, und Sie werden treue Begleiter an Ihrer Seite haben.

Anwendung von Heilsteinen: Sie können den Stein Ihrer Wahl an einem Band oder in Form von einem Armband, einer Kette oder eines anderen Schmuckstücks tragen. Ebenso ist es möglich, ihn auf eine bestimmte Körperstelle mit einem hautfreundlichen Pflaster aufzukleben, entweder da, wo Sie Schmerzen empfinden oder wo ein bestimmtes Organ angeregt oder beruhigt werden soll. Sie können Steine auch auf Chakren auflegen, mit einem Stein in der Hand am Abend einschlafen oder diesen unter Ihr Kopfkissen legen. Sie können Ihren Stein aber auch tagsüber lose in der Hosentasche bei sich tragen.

Edelsteine bringen gute und ausgleichende Energien an Ihren Arbeitsplatz, z. B. auf dem Schreibtisch, am Computer oder auch in Ihrem Wohnbereich. Harmonische Schwingungen einer Amethyst-Druse helfen Ihnen zu entspannen.

Auch über Ihr (Trink-)Wasser können Sie die Energien der Edelsteine aufnehmen.

Sie können auch in Ihre Kosmetik (Hautöl, Creme, Parfüm, Duschgel udgl.) einen kleinen Stein Ihrer Wahl legen. Die Steinschwingung überträgt sich dann über Ihre Kosmetik auf die Haut und wirkt in Ihrer Aura.

Die Energie der Edelsteinfarben

> *Jede Farbe besitzt eine bestimmte, von anderen Farben verschiedene Gefühlswirkung.*
>
> Jolande Jacobi (österreichische Psychologin)

Die Natur steckt voller Farben, und wir leben mitten drin. Farben sind Schwingungen, Farben sind Teile des Lichts und schenken uns Energie zum Leben. In unserer Alltagssprache kennzeichnen wir uns selbst mit Farben. Man sagt z. B. »Der ist rot vor Zorn«, »Blau vor Kälte« oder »Gelb vor Neid«. Wir sehen, dass es einen Zusammenhang zwischen unsichtbaren seelischen Ursachen und sichtbaren körperlichen Auswirkungen gibt. So stellen wir fest, dass Farben Kräfte sind, die auf uns wirken. Dies ist aus der Farbenlehre, der Farb- und Edelsteintherapie bekannt. Bereits bei den alten Ägyptern, Inkas und Mayas gab es Heilanwendungen mit Farben. Jede Farbe hat ihre eigene Schwingungsfrequenz, die mit unseren körperlichen, seelischen und geistigen Schwingungen in Resonanz geht.

Farben sind wie Edelsteine lebendige Kräfte, Quellen der Stärkung, wenn wir sie richtig nutzen. Jede Farbe macht bestimmte physikalische Schwingungsfrequenzen sichtbar und kann damit unser Befinden positiv oder negativ beeinflussen. So können sie bestimmte Nerven und Organe im Körper beeinflussen und das Wachstum der Zellen im Körper anregen.

Vorliebe für oder Abneigung gegen eine bestimmte Farbe lassen Rückschlüsse auf Lebenssituationen, Gemütszustände und sogar körperliches Befinden zu. Wir sollten uns fragen, warum wir z. B. eine Abneigung gegen »Rot« haben und warum wir »Lila« nicht leiden können. Sehen wir es als Herausforderung, welche Farben wir für unsere Kleidung wählen oder welcher Edelstein »heute« der Richtige ist.

Wir kommen über Edelsteine und ihre Farbe mit sehr feinen energetischen Schwingungen in Berührung, die uns helfen, in Harmonie und Ausgleich zu gelangen.

Rot ist die Farbe der Lebenskraft, der Emotionalität und des Durchsetzungsvermögens. Rot wirkt anregend, wärmend und stimulierend. Es macht gesprächig, leistungswillig, impulsiv und selbstbewusst. Diese Farbe hilft dabei, neue Ziele zu setzen, sie stärkt das Durchhaltevermögen, fördert Mut, Entschlossenheit, Zielstrebigkeit, Dynamik, Kraft und Standhaftigkeit.

Orange hat die stärkste Signalwirkung und ist die Farbe der Freude, der kreativen Ausdrucksform, der Impulsivität und des Selbstvertrauens. Orange wirkt aufmunternd, entkrampfend und entspannend. Diese Farbe schafft Selbstvertrauen, Unabhängigkeit, Selbstsicherheit, Geselligkeit und Frohsinn. Sie ist die aktivste, tatkräftigste Farbe, bringt Expansion und verleitet zu Extrovertiertheit. Orange hilft gegen Depressionen, Melancholie, Unzufriedenheit und Lebensüberdruss.

Gelb ist die Farbe der Erleuchtung, der Weisheit, des Denkens, der inneren Freiheit und Ungebundenheit. Gelb bringt den Geist in Schwung und hilft bei Gedächtnisschwäche und Lernproblemen. Sie fördert logisches Denken, Selbstbewusstsein, Heiterkeit, Optimismus und Lebensfreude. Diese Farbe wirkt gegen Ermüdung, düstere Gemütsstimmungen und Lustlosigkeit.

Grün ist die Farbe der inneren Harmonie und Ausgewogenheit, der Fülle, des Wachstums und des Heilseins. Grün fördert Regeneration, Entspannung und Ausgleich. Sie wirkt beruhigend, heilsam und erfrischend. Diese Farbe stärkt Mitgefühl, Sicherheit, Verlässlichkeit und Phantasie und regt damit die innere Bilderwelt an.

Blau ist die Farbe des Geistes und des Glaubens, der Ruhe, des Friedens, der Hingabe, der Wahrheit und der Treue. Sie steht für das Unbewusste, für die innere Stille und seelische Tiefe. Blau fördert Ehrlichkeit, Erkenntnis und Wahrheitssuche. Sie besänftigt, harmonisiert, und bringt Entspannung und Ausgeglichenheit. Diese Farbe unterstützt Geduld, Loyalität, Aufrichtigkeit und Zuversicht.

Indigo ist die Farbe der spirituellen Verinnerlichung und der außersinnlichen Wahrnehmung verborgener Mysterien. Indigo unterstützt höhere

Bewusstseinszustände und außersinnliche Wahrnehmungen. Sie schenkt Idealismus und bringt soziale Aktivitäten. Diese Farbe steht für das Heilsein von Körper, Seele und Geist.

Violett ist die Farbe der Transformation, der Alchemie, Magie und Mystik. Violett steht für spirituelle Erfahrungen, unterstützt die Intuition, fördert die Wahrnehmung und die Konzentration. Es dient unserer Bewusstseinserweiterung, bringt Inspiration, unterstützt Nächstenliebe, Idealismus und Selbstlosigkeit.

Braun ist die Farbe von Mutter Erde. Sie steht für Beständigkeit, Stabilität, Ausdauer und Durchhaltevermögen. Diese Farbe unterstützt praktisches, irdisches Denken, erdet, und mit ihr fällt man nicht auf.

Schwarz ist die Farbe der Dunkelheit, das Abschalten von Licht- und Farbreizen jeder Art. Sie gibt Schutz und Sicherheit, zieht Energieüberschüsse ab oder hilft bei extremen Erschöpfungszuständen. Sie steht auch für Unbekanntes, noch nie Dagewesenes. Schwarz hilft einem dabei, sich selbst zu finden und führt zur eigenen Lichtquelle.

Weiß ist die Farbe des Lichts, des Geistes, der Unschuld, der Reinheit und des Neubeginns. Sie steht für die Erlösung, für Schutz und Befreiung von sämtlichen Einflüssen, sie reflektiert und verstärkt das Vorhandene. Diese Farbe fördert die Fähigkeit der Problembewältigung und Konfliktlösung.

Kristalle und klare Steine stehen für Klarheit, Reinheit und Perfektion und bewirken die Öffnung zum göttlichen Bewusstsein. Sie fördern Neutralität und Selbsterkenntnis.

Bunte Steine verbinden uns mit der Vielfältigkeit des Lebens und vereinigen die Wirkungsweisen der vorhandenen Farben. Sie bringen Lust und Freude am Leben, neue Ideen und helfen, den Alltag mit Leichtigkeit zu gestalten.

Wie arbeite ich mit diesem Buch?

Die **Zahlen** zeigen mit welchen Stärken und Schwächen sich die Persönlichkeit in diesem Leben ausdrücken möchte, sie bringen uns Informationen.

Die Schwingungen der **Steine** können das geistige Wachstum stimulieren und die Entfaltung fördern. Bei regelmäßiger Ausübung entwickelt sich die Intuition, die innere Stimme, und man kann die inneren Botschaften »hören« und verstehen.

Ich möchte Ihnen hier verschiedene Anwendungsmöglichkeiten von Zahlen mit Edelsteinen vorstellen:

Errechnen Sie zuerst Ihre »Namenszahl«. Sie zeigt Schicksal und Charakter aus der Familie. Ihre Eltern formten Sie durch ihre Gene, Prägungen und Emotionen.

Haben Sie z. B. als Namenszahl eine 1, so schauen Sie sich zuerst die Symbolik der Zahl 1 an. Sie ist die archaische göttliche Urkraft. Wenn Sie sich mit der Schwingung der Sonne, dem neutralen männlichen Aspekt des Lebens beschäftigen möchten, so empfehle ich Ihnen den Rubin. Ihre Sippschaft, Ihre Eltern, die Sie sich ausgesucht haben, gaben Ihnen auf Ihrem Lebensweg viel Kraft und Energie mit. Sie werden ein Pionier sein und dürfen die positiven Talente und Fähigkeiten der Zahl 1 Ihr eigen nennen.

Wenn Sie erkennen müssen, dass Ihnen einige der positiven Eigenschaften der Zahl 1 fehlen, so prüfen Sie die entsprechenden Steine darauf, ob sie diese Eigenschaften fördern können.

Wenn Sie ein Problem gezielt angehen möchten, schauen Sie sich auch die »Schwächen« Ihrer Zahl an und probieren Sie die dazugehörigen Steine aus. Erzwingen Sie aber nichts, der richtige Zeitpunkt wird kommen, um Heilung und Antworten auf Lebensfragen zu erhalten.

Errechnen Sie nun Ihre »Schicksalszahl«, sie zeigt Ihre Berufung und Hauptprüfungen für diese Inkarnation und alles, was Ihr Seelenbewusstsein lernen will. Haben Sie z. B. als Schicksalszahl eine 5, so machen Sie es genauso wie bei der Namenszahl. Lesen Sie sich die Zahl 5 ganz durch, und was Sie am meisten anspricht, was es zu lernen oder zu transformieren gilt, und finden Sie dann dazu Ihren passenden Stein.

Genauso gehen Sie vor, um Ihr »Lebensziel« zu ermitteln. Haben Sie Ihre drei wichtigsten Steine gefunden, arbeiten Sie mit ihnen:

Wenn Sie sich drei gebohrte Trommelsteine kaufen, tragen Sie diese an einem Band um den Hals.

Sie können sich vom Stein einer errechneten Zahl z. B. eine Kette, einen Anhänger oder ein Armband kaufen und die zwei anderen Steine als Trommelstein mit einem hautfreundlichen Pflaster intuitiv auf Ihren Körper aufkleben oder auf die passenden Chakren legen und spüren, wie die Energie in Ihre Aura fließt.

Wenn Sie Lust haben, machen Sie sich ein Edelsteinwasser. Reinigen Sie die drei Steine zuerst. Richten Sie drei größere Trinkgläser her, legen Sie jeweils den passenden Trommel- oder Naturstein hinein, füllen Sie es mit Leitungswasser auf und lassen es für etwa 10 bis 15 Minuten im Licht (nicht in der prallen Sonne) stehen und trinken das energetisierte Wasser über den Tag verteilt.

Besonders effektiv ist es, wenn Sie auf ein farbiges, kleines Blatt das Symbol Ihrer Zahl malen, eine passende Affirmation dazuschreiben und unter jedes Glas legen. Affirmationen sind positiv formulierte Sätze. Sie bejahen das Leben, helfen dabei, unsere Zweifel zu transformieren, und wandeln negative Gedanken in positive um. Das Wasser nimmt diese zusätzliche gute Schwingung mit auf.

Ihre Affirmation können Sie auch gut auf den dazu passenden Edelstein speichern. Schreiben Sie Ihren bejahenden, positiven Satz gut auf einen Zettel und nehmen Sie diesen in die linke (Empfänger-)Hand, und in der rechten (Sende-)Hand halten Sie den Edelstein. Stellen Sie sich nun vor, wie die linke Hand die Information an die rechte weiterleitet. Sie spüren, wie die Energie der Affirmation über Ihr Herzzentrum in den Edelstein übergeht. Den energetisierten Stein können Sie nun gut bei sich tragen.

Bilden Sie von Ihren errechneten Zahlen einen Code. Sie haben z. B. als Namenszahl 37/1, als Schicksalszahl 23/5 und als Lebensziel 18/9. Ein kurzer Code lautet dann »1 5 9«, oder Sie bilden daraus einen neunstelligen Code: »371 235 189«.

Schreiben Sie diesen Code mit Ihren drei wichtigsten Affirmationen auf einen oder mehrere farbige Zettel und verteilen Sie sie in Ihrer Wohnung, legen diese z. B. unter das Kopfkissen, auf Ihren Schreibtisch, kleben diese an den Badspiegel. Sprechen Sie Ihren Code mit den Affirmationen immer wieder leise vor sich hin oder speichern Sie diesen ebenfalls auf einen Edelstein.

Wenn Sie Ihren Namen berechnen und mit Ihrem Namen sehr glücklich sind, haben Sie auch einen Code, der Ihnen Glück bringen kann, z. B. »Eva Sommer« (5 + 4 + 1 + 1 + 6 + 4 + 4 + 5 + 9). Als Namenszahl wären Sie dann eine 39/12/3. Visualisieren Sie die Talente und Fähigkeiten der Zahl 3 und sprechen Sie ganz langsam Ihren Namenszahlen-Code: …5…4…1…1…1…6…4…4…5…9

Vielleicht schaffen Sie dies am Anfang fünf Mal am Tag und steigern es täglich bis zu neun Mal. Sie werden sehen, wie schnell sich Ihnen das Glück zeigt.

Die Zahl 1

Zu einem vollkommenen Menschen
gehört die Kraft des Denkens,
die Kraft des Willens, die Kraft des Herzens.
LUDWIG FEUERBACH (DEUTSCHER PHILOSOPH)

Symbolik der Zahl 1

Die 1 ist die Zahl der Einheit und der Erkenntnis. Ihr Symbol ist der Kreis mit dem Punkt in der Mitte. Sie ist Ausdruck des Lichtes und der höchsten Schöpferkraft. Die 1 steht für Selbstvertrauen, Selbstbewusstsein und das »Ich-Bin-Bewusstsein«.

Der Punkt ist der Same, der sich in der Materie verankert und diese mit Licht füllt. Die Zahl 1 ist ein und alles, sie ist vollkommen, weil sie unteilbar ist. Sie ist Anfang, Mitte, Ende und Mutter aller übrigen Zahlen. In ihr ruhen der schöpferische Impuls und das kollektive Ideenpotential.

Der Hauptplanet der 1er ist die **Sonne** mit dem männlichen Aspekt. Sie ist das Zentrum unseres Planetensystems und regiert das Tierkreiszeichen Löwe. Ihre Energie steht für die Urkraft und die Quelle, die Licht, Kraft, Leben und Vitalität schenkt.

Der Stein der 1

Der **Rubin** galt in den alten Kulturen Europas als Stein der Sonne und verstärkt mit seiner Schwingung ihre Kräfte. Er repräsentiert das innere Feuer, die Lebenskraft und Leidenschaft. Er bringt heilende, sonnige Wärme und wirkt unterstützend bei tiefsitzenden Ängsten und Traumata. Er fördert die Führungseigenschaften der Menschen und hilft, den Fokus auf Visionen und Ideale zu richten. Der Rubin bringt Schwung und Dynamik ins Leben, er macht wach, leistungsfähig, impulsiv und spontan. Er stärkt Entschlossenheit, Willensstärke, Durchsetzung, Tatkraft und Mut, und die 1 kann so Mitmenschen für Ideen und Ziele begeistern.

Talente und Fähigkeiten der Zahl 1

Die 1 ist voller Kraft, Ehrgeiz, Aktivität und Gesundheit. Sie hat eine positive Ausstrahlung, ist erfinderisch, besonders kreativ und bringt einen starken Willen mit. Sie besitzt innere Stärke, ist ehrlich, fair und mutig. 1er sind Individualisten – intelligent, lebhaft und auch eigenwillig. Die

1 hat ein großes Potential, um »Neues« zu beginnen. Sie liebt es, das Unbekannte zu erforschen. Angstfrei und auf das Gemeinwohl bedacht, macht sie sich daran, Missstände zu beseitigen.

Die 1 hilft gerne, ermutigt ihre Mitmenschen, treibt an und steht mit Rat und Tat zur Seite. Sie ist sehr warmherzig und zeichnet sich durch große Liebe zu Kranken, Hilflosen und Kindern aus. Sie kann dabei gut eigene Interessen zurückstellen, ohne sich selbst aufzugeben. Die 1 ist ein »Leader«, sie bringt neue Ideen und Projekte ins Spiel, sie gibt den Ton an, sie beobachtet und leitet ihre Mitmenschen weise an.

Die 1 besitzt Originalität und zeigt sich Neuem gegenüber aufgeschlossen. Sie unterscheidet rasch das Wesentliche vom Unwesentlichen, um sich dann für das Beste einzusetzen. Ihre Zielstrebigkeit und Energie und ihre Zuverlässigkeit führen zum Erfolg. Die Erwartungen, die der 1 entgegengebracht werden, sind sehr hoch gesteckt, was wiederum ihren Ehrgeiz belebt, so dass sie ihre Ziele ohne Umschweife verfolgen kann.

Steine für die Stärkung der Talente und Fähigkeiten

Der **Goldtopas,** auch **Topas Imperial** genannt, gilt ebenfalls als Stein der Sonne. Er fördert das Streben nach Ruhm und Anerkennung und war deshalb bereits in früheren Epochen als Stein der Herrscher bekannt. Er hilft, vermeintliche Grenzen zu überwinden, erweitert den Horizont und hilft, das Lebensziel zu finden. Er setzt Energiereserven frei und erhöht die Aktivität. Dieser Edelstein vermittelt Selbstsicherheit und unterstützt Inspiration, Selbstbestimmung und Selbstverwirklichung. Er stärkt Individualität und schenkt Vertrauen in die eigenen Fähigkeiten.

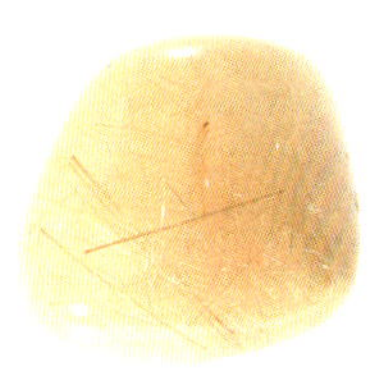

Der **Rutilquarz** gibt dem neuen Anfang viel Licht und Liebe. Er gilt seit alters her als eingefangenes Sonnenlicht. Er fördert die Verbindung zu höheren Sphären, stärkt unsere Lebenskraft und löst innere Blockaden. Er öffnet Türen und ermöglicht positive Situationen, die wir nie für möglich gehalten hätten. Geistiges Wachstum wird aktiviert, der Energiefluss angeregt und eine aufrechte Haltung gefördert. Dieser Stein hilft, in großen Zusammenhängen zu denken, und steht uns bei, wenn es darum geht, veraltete Strukturen abzulegen, um neue Wege zu beschreiten und neue Lebenskonzepte zu entwickeln.

Schwächen der Zahl 1

Mit der Zahl 1 ist man stetigen Wandlungen ausgesetzt.

Die 1 wird immer wieder mit sich selbst zu tun haben. Sie kann egoistisch, taktlos, herrschsüchtig, intolerant und beharrlich und sehr von sich und ihrer Meinung überzeugt sein. Es besteht eine Neigung zu Egozentrik, Stolz, Aggression, Intoleranz und Kopflastigkeit. Die 1 ist oft voreingenommen, vertritt stur ihre Meinung, duldet keinen Widerspruch, lehnt jeden Rat und jede Kritik ab. Sie tendiert dazu, über andere zu verfügen und versucht mit allen Mitteln, ihr Ziel zu erreichen. Wenn sie jemanden findet, der alles für sie erledigt, neigt sie dazu, faul und ungeduldig zu sein. Die 1 hat Mühe, eigene und fremde Unvollkommenheiten zu akzeptieren. Sie ist perfektionistisch und möchte die Kontrolle über alles haben, was in ihrer Umgebung passiert. Gefühle zu zeigen und zu verzeihen, fällt ihr schwer.

Steine für den Ausgleich der Schwächen

Der **Citrin*** ist ein wunderbarer Stein mit viel Kraft und Energie. Er bringt sonnige Gefühle ans Licht, schenkt Wohlbefinden und Lebendigkeit. Dieser Stein spendet Selbstsicherheit, Zuversicht und unterstützt die Selbstverwirklichung. Er fördert Individualität, bringt Harmonie und Lebensfreude. Der Citrin erneuert die Gehirnzellen und überwacht unser Nervensystem. Er unterstützt bei der Auf- und Verarbeitung von Erfahrungen und Erkenntnissen und ermöglicht es, sich von der Vergangenheit zu lösen. Dieser Heilstein steht uns bei, wenn wir uns gegen Widerstände durchsetzen – kein Hindernis ist zu hoch und kein Weg zu weit! Er hilft in

* Bitte achten Sie darauf, einen ungebrannten Citrin zu kaufen.

stressigen Zeiten, mit Gelassenheit und Zuversicht Ideen, Ziele, Wünsche und Vorstellungen zu verwirklichen.

Der **Sonnenstein** gibt uns die Kraft, Dinge zu verändern, und schafft es immer wieder, uns neu aufzuladen. Er schenkt Optimismus und Tatendrang, lindert Depressionen und transformiert Ängste und Sorgen.

Ziele der Zahl 1

Die 1 möchte mit Selbstvertrauen und Selbstbewusstsein durchs Leben gehen, zu sich selbst stehen und sich in der Liebe durchsetzen. Als Ziel strebt sie Vollkommenheit auf allen Ebenen des Lebens an.

Die 1 ist ein Vorbild, ein Pionier, sie möchte Neues entdecken und erforschen, frische Impulse und gute Gedanken in die Welt bringen. Ihre Individualität, ihre Willenskraft und ihr Verstand helfen ihr dabei. Jede Herausforderung steigert die Kraft der 1, und es ist von Vorteil, den eigenen Gefühlen zu vertrauen. Jedoch sollte auch die Meinung der anderen angehört werden, sonst engt die 1 ihre Blickwinkel zu sehr ein.

Wenn sie lernt, mit ihren Mitmenschen auf gleicher Ebene zu kommunizieren und sie zu respektieren, wie sie sind, dann werden sich ihre wahren Qualitäten und ihre eigene Wirkungskraft steigern. Sie wirkt dann als kluge Führungsperson, die es möglich macht, die Potentiale in anderen Menschen zum Vorschein zu bringen. Nur (vor-)urteilsfrei kann sie die Bewusstwerdung erleben und wahrnehmen und sich dem Leben hingeben, ohne es zu kontrollieren oder die Zukunft vorhersagen zu wollen. Ihr Mut, ihre Stärke und ihre mentalen Fähigkeiten können zur Inspiration für andere werden.

Steine zur Unterstützung der Ziele der 1

Der **Bergkristall** ist ein Lichtbringer, der die Aura stärkt, schützt und negative Energien abweist. Sein ungebrochener Strahl enthält alle Farben des Regenbogens. Er verbindet mit dem göttlichen Licht, das in der

Tiefe der Seele wohnt und das Innerste beleuchtet. Er schenkt Kraft, Mut und bringt Struktur und Ordnung in die Gedanken. Er beseitigt Blockaden, Unreinheiten und Disharmonien in der Aura. Der Bergkristall wirkt ausgleichend und harmonisierend, er hilft, neutral zu bleiben, bringt Ruhe ins Leben und alle Energien in Einklang. Er fördert die Entwicklung, die Intuition und Selbsterkenntnis. Er öffnet für göttliche Impulse und verbindet so mit der universellen Schöpferkraft.

Der **Natur-Diamant*** ist ein wahrer Meisterheiler und ein sehr intensiver Stein. Er dient mit seinen Schwingungen den Talenten der Zahl 1 und aktiviert den Einklang mit dem »Höheren Selbst«.

»Jeder kann ein ›Erleuchteter‹ sein, wenn er seine Schatten kennengelernt und akzeptiert hat und sein Licht im Inneren zum Leuchten bringt.«

Affirmationen zur Zahl 1

- Ich bin mutig, und voller Kraft erobere ich die Welt.
- Ich bin aktiv und ziehe Erfolg und die absolute Fülle an.
- Ich bringe mein göttliches Licht vollkommen zum Ausdruck.

Weitere ausgleichende und harmonisierende Edelsteine für die Zahl 1

Der **Bernstein**, auch das Licht der Sonne genannt, unterstützt bei der Durchsetzung von Plänen und fördert das Gelingen all unserer Aktivitäten. Er ist uns in allen Lebenssituationen ein hilfreicher Freund, der Sorglosigkeit, Glück und Fröhlichkeit bringt.

* Den Natur-Diamant gibt es meist als Kette oder Anhänger zu kaufen, geschätzt wird er auch als Diamant-Wasser.

Der **Granat** stärkt Mut und Willenskraft, weckt Freude an Aktivitäten und verleiht gleichzeitig Ausdauer.

Das **Tigerauge** hilft uns, nach innen zu sehen, und lässt wahrnehmen, was uns guttut.

Heilwirkung der Edelsteine der Zahl 1 auf den Körper

Der **Rubin** stärkt Herz und Kreislauf, hilft bei Infektionskrankheiten, Entzündungen und bei sämtlichen Ohrenerkrankungen. Er senkt den Cholesterinspiegel und wird bei Krampfadern und chronischer Müdigkeit eingesetzt.

Der **Goldtopas** stimuliert den gesamten Organismus, auch die Geschmacksnerven. Er stärkt die Wirbelsäule und das Herz, bessert Asthmaanfälle, unterstützt bei Arterienverkalkung und Verdauungsbeschwerden.

Der **Rutilquarz** lindert Asthma, Bronchitis, Herzschmerzen, löst Beklemmungen im Brustbereich, kräftigt die Haut und fördert eine aufrechte Haltung.

Der **Citrin** reinigt und entgiftet den Darm, stärkt die Nerven, ist hilfreich bei Diabetes, Völlegefühl und Magenkrämpfen sowie Durchblutungsstörungen, hilft bei Wetterfühligkeit, Potenzschwäche, Bettnässen und Multipler Sklerose.

Der **Sonnenstein** stärkt das Herz, ist heilsam bei Durchblutungsstörungen, dazu stimuliert er das vegetative Nervensystem.

Der **Bergkristall** hat ein großes Spektrum an Heilwirkungen, er hilft u. a. bei Schwindel, Gleichgewichtsstörungen, Übelkeit, und Durchfall, er kühlt bei Verbrennungen und Sonnenbrand und unterstützt bei Augenleiden und Schilddrüsenproblemen.

Der **Natur-Diamant** dient allen Reinigungsprozessen im Körper und ist sehr hilfreich nach einem Schlaganfall, er stärkt Nieren und Blase, verbessert Schilddrüsenunterfunktion und wirkt dem Alterungsprozess entgegen.

Der **Bernstein** fördert den Selbstheilungsprozess, wärmt den Körper, lindert Grippe, Asthma und Schuppenflechte, ist wirksam im HNO-Bereich, harmonisiert Hormondrüsen und Leberfunktion, erleichtert das Zahnen von Kleinkindern.

Der **Granat** unterstützt den Blutaufbau, lindert Rheuma, Arthritis, Hautkrankheiten und Verkalkung.

Das **Tigerauge** kräftigt die Knochen und Gelenke, lindert Kniegelenksentzündungen, ist hilfreich bei Erkältungen, erwärmt den Körper, stärkt die Sehkraft. Er wird zur Raucherentwöhnung und besonders in der Krebstherapie empfohlen.

Die Zahl 2

Unsere Träume können wir erst dann verwirklichen,
wenn wir uns entschließen,
einmal daraus zu erwachen.
Josephine Baker (US-amerikanisch-französische Tänzerin)

Die Symbolik der Zahl 2

Die 2 wird durch zwei Halbkreise symbolisiert. Diese stehen für Zweiheit und die polaren Gegensätze, für Himmel und Erde, Gut und Böse, Positiv und Negativ. Dieses gegenseitige Gebrauchtwerden drückt die untrennbare und immer dynamische Verbundenheit allen Lebens aus.

Der Hauptplanet der 2er ist der Mond, er regiert das Tierkreiszeichen Krebs. Der Mond steht in Zusammenhang mit den Lebensrhythmen und Zyklen der Erde und des menschlichen Körpers. Er drückt sich vor allem im Weiblichen und im Kreislauf von Fruchtbarkeit, Zeugung, Geburt und Mutterschaft aus. Ebenso spiegelt er uns die Schattenseiten, das Unbewusste, die dunkle Nacht wider.

Der Stein der 2

Der **Mondstein*** wird, wie der Name schon sagt, dem Mond zugeordnet. Er gilt als Symbol des Weiblichen und bringt Frauen in Einklang mit den inneren Zyklen und natürlichen Rhythmen. Er fördert das Einfühlungsvermögen und die Wahrnehmung von Gefühlen und Stimmungen. Sowohl Frauen als auch Männer können sich mit dem Mondstein besser für ihre innere, weibliche Seite öffnen. Dieser Stein regt das Träumen an, fördert Intuition, Medialität und außersinnliche Wahrnehmungen. Er bringt Sanftmut und schenkt glückliche Zufälle.

Talente und Fähigkeiten der Zahl 2

Die 2 ist die Zahl der Unterscheidung, der Polarität, der Trennung aus der Einheit und das weibliche Prinzip Yin.

Die 2 ist ruhig, sensibel, rücksichtsvoll, einfühlsam und aufmerksam. Gefühle sind ein großes Thema. Meist ist die 2 diplomatisch, liebevoll und freundlich. Sie kann gut mit Menschen umgehen, hat einen großen Freundeskreis und ein gutes Einfühlungsvermögen. Sie ist anpassungs-

* Verwechseln Sie den Mondstein nicht mit dem weißen Labradorit.

fähig, bescheiden, kameradschaftlich, leidenschaftlich und leicht zu begeistern. Die 2 ist ein sanfter und liebevoller Partner, der nicht gerne alleine lebt. Sie braucht ein gefühlvolles Gegenüber, um ganz und vollkommen zu sein. Die 2 will Harmonie finden und wünscht sich eine dauerhaft gute Beziehung.

Steine für die Stärkung der Talente und Fähigkeiten

Der **Rosenquarz** bringt unsere Sanftheit und Zärtlichkeit und unsere Sehnsüchte zum Vorschein. Er macht weich und empfindsam, heilt Wunden des Herzens und bringt Glück in der Liebe. Er befreit von Sorgen, fördert Vertrauen und hilft dabei, sich selbst zu lieben und den Mitmenschen so anzunehmen, wie er ist. Sanft aber bestimmt lässt er den Lebensweg in Licht und Liebe zurücklegen. Er beschützt alles, was hilflos und rein ist, und ist deshalb auch für Babys und Kleinkinder geeignet.

Der **Aventurinquarz** fördert die seelische Erholung, hilft zu entspannen und sich wohlzufühlen. Gedanken und Sinneseindrücke kommen zur Ruhe, und so finden wir Zugang zu unserer inneren Kraftquelle. Zufrieden, stabiler und belastbarer, können wir die Verwirklichung unserer Lebensträume umsetzen. Der Aventurin gilt als Arzt unter den Edelsteinen, er reinigt die Aura und wirkt beruhigend bei Stress und innerem Chaos.

Die Schwächen der Zahl 2

Die 2 ist nachgiebig und sprunghaft, oft auch bedächtig oder gar phlegmatisch. Sie ist launisch, empfindlich und reagiert emotional, besonders wenn es um Liebe und Freundschaften geht. Die 2 scheint oft ruhelos und unzufrieden mit ihrem Leben zu sein, weil sie in jeder Lage nach Perfektion und Ausgeglichenheit strebt. Sie ist oft ängstlich, will Schwierigkeiten nicht wahrhaben und nicht hinsehen, wenn Konflikte anstehen. Die 2 ist ein starker Zweifler, oft unentschlossen, hat Schwierigkeiten, Entscheidungen zu treffen, und Mühe, Ideen umzusetzen. Sie passt sich lieber anderen an, als eigene Wege zu gehen und sich eigene Wünsche zu erfüllen.

Die 2 vermeidet es, die Gefühle ihrer Mitmenschen zu verletzen. Dies kann dazu führen, dass sie schüchtern wirkt und sich Emotionen stauen. Sie wartet lieber, bis sich Dinge von selbst erledigen, was meist nicht passiert. Bei der 2 besteht eine erhöhte Gefahr der Abhängigkeit, sei es von Menschen, Traditionen oder Materiellem. Da ihre innere Stärke oft schwach ausgeprägt ist, werden Situationen »unter den Teppich gekehrt« und besonders gerne mit Alkohol überdeckt.

Steine für den Ausgleich der Schwächen

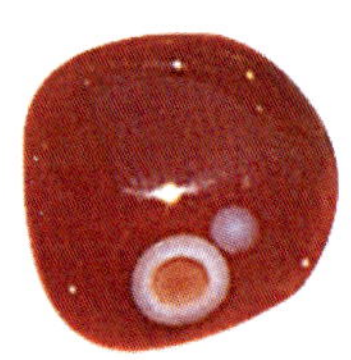

Der **Karneol** verbindet mit der Mutter Erde. Er unterstützt dabei, Schwierigkeiten anzunehmen und zu überwinden. Er löst karmische Verstrickungen, unterstützt dabei, Vergangenes loszulassen und im Hier und Jetzt zu leben. Er vermittelt Standfestigkeit und ist ideal bei starken Gefühlsschwankungen. Der Karneol hilft, Probleme zu lösen und Begonnenes zu beenden. Er hat eine sanfte und warme Wirkung und ist der Stein der Kreativität.

Versteinertes Holz bringt Erdung, Bodenständigkeit, Realitätssinn und stabilisiert unsere Gesundheit. Es hilft, mit beiden Beinen auf dem Boden zu stehen. Dies ist für die 2 sehr wichtig, da sie gerne in höheren Ebenen schwebt und deshalb Ideen schlecht realisieren kann. Das versteinerte Holz regt die innere Bilderwelt an und bringt Ausgleich in Gedanken und Gefühle.

Der **Prehnit** macht es den Menschen leicht, sich zu öffnen. Er hilft Vermeidungs- und Verdrängungsmechanismen aufzulösen und stärkt dadurch die eigene Identität. Er dringt in tiefe Schichten des Bewusstseins, um verdrängte Begebenheiten und Erinnerungen bewusst zu machen und negative Schwingungen wahrzunehmen.

Ziele der Zahl 2

Die 2 fordert auf, Sensitivität, Intuition und mediale Begabung zu entwickeln und zu nutzen. Ihr Ziel ist, tiefe Einsichten und inneren Frieden zu finden, zentriert und stabil im Leben zu stehen.

Die 2 darf Zweifel, Ängste und Unentschlossenheit loslassen, damit sie in allen Richtungen offen für Neues sein kann. Sie sollte lernen zu unterscheiden, was wichtig und was unwichtig ist. Somit kann sie Wertvolles erkennen, aufgreifen und das Beste daraus machen. Durch Teamarbeit ist es ihr möglich, ihre Talente auszubauen und große Leistungen zu vollbringen. Beziehungen, Freundschaften und Partnerschaften sind zwischenmenschliche Begegnungen, die der 2 wertvolle Erfahrungen bringen. Die außersinnlichen Wahrnehmungsfähigkeiten (ASW) und mediale Begabungen sollte die 2 fördern und schulen, um mit Beharrlichkeit und Disziplin ihre Träume und Visionen Wirklichkeit werden zu lassen.

Steine zur Unterstützung der Ziele der 2

Die **Perle*** steht für die göttliche Mutter und die Weiblichkeit. Sie unterstützt dabei, die Göttin in uns zu finden und die weiblichen Attribute wie Schönheit, Sanftheit und Fürsorge bis zur Vollendung zu entwickeln. Die Perle bringt uns Stück für Stück dem »Ich« näher. Sie klärt Gefühle, hilft emotionale Schwierigkeiten zu transformieren, Blockaden zu überwinden und negative Emotionen zu lösen.

Affirmationen zur Zahl 2

- Ich bin wunderbar und genieße mein Leben mit Freude und in der absoluten Fülle.
- Ich nehme meine Gefühle wahr, höre auf meine innere Stimme und darf meinen intuitiven Kräften vertrauen.
- Ich treffe Entscheidungen und agiere sicher und entschlossen.

* Perlen gibt es hauptsächlich als Schmuckanhänger, Ringe oder Ketten zu kaufen, selten ungebohrt.

Weitere ausgleichende und harmonisierende Edelsteine für die Zahl 2

Der **Edel-Opal** mit seinem irisierenden Farbenspiel verbindet mit der schillernden Vielfalt des Lebens.

Der **Smaragd** schenkt selbstlose Liebe, vertieft das intuitive Wissen, bringt Weitblick und ein tiefes Verständnis für die eigenen Lebensumstände.

Edelstein-Anwendung in Verbindung mit der Zahl 2

Edelstein-Schutzmischung: Energetischer Vierfach-Schutz für den Alltag
Die 2 nimmt schnell negative Schwingungen von anderen Menschen oder ihrer Umgebung auf, deshalb ist ein geistig-mentaler Schutz, bis sie sich stabilisiert hat, sehr wichtig. Ideal ist die folgende Edelstein-Schutzmischung. Diese besteht aus vier Steinen, die einzeln oder zusammen als Kette getragen werden oder Wasser energetisieren können und so Schutz bieten.

Der **schwarze Turmalin**, auch **Schörl** genannt, ist ein klassischer Schutzstein. Er bewahrt vor negativen Einflüssen und Gedanken, macht Strahlungen verträglicher, stärkt die Fähigkeit zur Abgrenzung, lindert Stress und hilft bei Verspannungen und Schmerzen.

Der **Rosenquarz** fördert die Empfindsamkeit, steigert das Einfühlungsvermögen, die Liebesfähigkeit und Hilfsbereitschaft, bringt spirituelle Energie, harmonisiert negative Schwingungen und befreit von Sorgen.

Der **Chaorit** hilft, negative Einflüsse aller Art abzuwenden. Er beruhigt die Nerven, löst Fremdbestimmungen auf und lässt Zwänge und Widerstände überwinden.

Der **Bergkristall** wirkt als neutraler Energiespender stärkend und macht so weniger anfällig für ungünstige äußere Beeinflussungen. Er stimuliert die Selbstheilungskräfte des Körpers, verbessert die Wahrnehmung, macht klar, bewusst und schenkt positive Lebensenergie.

Heilwirkung der Edelsteine der Zahl 2 auf den Körper

Der **Mondstein** reguliert das Hormon- und Lymphdrüsensystem, er unterstützt die Fruchtbarkeit der Frau und ist gut in der Pubertät, nach Entbindungen und im Klimakterium.

Der **Rosenquarz** lindert Venenentzündungen und Thrombose, er ist gut bei psychosomatischen Herzbeschwerden, Erkrankungen der Geschlechtsorgane, Nervenentzündungen, Angstneurosen und Hirntumoren. Der Rosenquarz wird auch Liebesstein genannt und wirkt bei sexueller Unlust und Unfruchtbarkeit. Aventurin und Rosenquarz helfen zusammen gut bei chronischen Schlafstörungen.

Der **Aventurinquarz** beruhigt bei Stress, lindert Herzbeschwerden und nervös bedingte Hautkrankheiten, senkt den Cholesterinspiegel, beugt Herzinfarkt und Arteriosklerose vor, unterstützt bei Asthma.

Der **Karneol** lindert Rheuma, Ischias, Gicht, Darmbeschwerden, unterstützt bei Blutvergiftung, Entzündungen, Gürtelrose, Wundheilung und Krampfadern. Er stärkt Kreislauf, Herz, Nieren und Tastsinn.

Das **Versteinerte Holz** beruhigt die Nerven, schützt vor Arterienverkalkung, Gefäßverengung, regt den Stoffwechsel an und hilft bei Übergewicht und Infektionen.

Der **Prehnit** entfernt die im Fett eingelagerten Giftstoffe, lindert Asthma, Leber-, Nieren- und Blasenerkrankungen und wirkt vorbeugend bei Arteriosklerose.

Die **Perle** hilft bei Kalziummangel, Hexenschuss, Ischias, Gicht, Allergien, Wetterfühligkeit und Venenentzündungen, auch bei Katzenhaarallergien, seelisch bedingter Magersucht und grauem Star. Sie unterstützt die Reinigungsvorgänge und Ausscheidungen im Körper.

Der **Edel-Opal** unterstützt allgemein die Gesundheit, macht beweglich und vital, stärkt Herz, Magen, Darm und das Sehzentrum.

Der **Smaragd** hat eine starke Heilkraft, lindert Entzündungen, Rheuma, Osteoporose, Ischias, Blähungen, Leber- und Gallebeschwerden. Er stärkt die Sehkraft, verjüngt, regeneriert und unterstützt bei Gedächtnisschwäche.

Die Zahl 3

Alle Menschen haben die Anlage,
schöpferisch tätig zu sein.
Nur merken es die meisten nie.
Truman Capote (amerikanischer Schriftsteller)

Die Symbolik der Zahl 3

Das Dreieck ist das Symbol der Zahl 3. Sie ist die Zahl der Entspannung, der Kreativität und der Lebensfreude, die Zahl der Heilung und der Transparenz, und sie ist wohl die bedeutendste Glückszahl.

Aus dem Zusammenwirken von Gegensätzen, wie den Zahlen 1 und 2, entsteht Neues, wie z. B. Vater + Mutter = Kind.

Der Hauptplanet der 3er ist **Jupiter**. Er gilt als ein strahlender, glücksbringender Himmelskörper. Er ist der größte Planet in unserem Sonnensystem und wird mythologisch mit Weisheit, Sieg und Gerechtigkeit assoziiert. Jupiter symbolisiert Expansion, Fülle, Glück und Erfolg.

Der Stein der 3

Der **blaue Topas** galt bereits in den alten europäischen Kulturen als Stein des Jupiters. Seine Energie hilft, jene Ziele zu finden, die Glück und Erfüllung bieten und in eine heitere und gelöste Stimmung versetzen. Der Topas schafft den Durchbruch in der geistigen Entwicklung, fördert Reinheit und Klarheit, löst von Schwermut und trüben Gedanken. Er regt den Energiefluss und die Selbstheilungskräfte an und verbindet Geist, Seele und Körper zu einer Einheit. Er lässt unsere Aura erstrahlen und führt zu dem Erlebnis der Unbegrenztheit.

Talente und Fähigkeiten der Zahl 3

Die 3 sieht den Tatsachen ins Auge, packt fleißig, tatkräftig und engagiert mit an. Sie ist hilfsbereit und großzügig, intelligent, witzig, lebhaft und liebenswürdig, und sie ist beliebt in der Gesellschaft. Die 3 ist gerne mit anderen Menschen zusammen, um zu reden und sich auszutauschen – Kommunikation ist ein wichtiger Bestandteil ihrer Persönlichkeit. Die gute Laune und der Optimismus der 3 wirken ansteckend. Erfahrungsgemäß verfügt sie über vielseitige Begabungen. Wissenshunger, Neugierde und Kreativität sind die Antriebsmotoren der 3. Die 3 unterhält gerne, sie liebt das Theater, singt, tanzt und genießt das gesellschaftliche Parkett.

Steine für die Stärkung der Talente und Fähigkeiten

Der **Sodalith** hilft, unsere Gedanken und Ideen zu materialisieren. Er unterstützt bei der Verwirklichung von Idealen, löst Schuldgefühle und Blockaden im Gefühlsbereich auf, befreit von einengenden Dogmen und unbewussten Verhaltensmustern und verstärkt die Sehnsucht nach echter Freiheit. Er richtet unseren Blick auf das Wesentliche.

Der **Ametrin** ist ein idealer Helfer beim Übergang in die Neue Zeit. Er öffnet unser Bewusstsein, verbindet Gegensätzliches, fördert Harmonie, Optimismus und Lebensfreude. Dieser Stein lässt geistig wach werden, beschleunigt spirituelles Wachstum, aktiviert die Kreativität und lässt dadurch vieles mit Erfolg umsetzen. Er verhilft zu einem »glücklichen Händchen«, um mit Intuition das Richtige zu tun.

Der **Amethystquarz** vertieft das Urvertrauen und zeigt den Sinn des Lebens; er lehrt, sich in Demut der inneren Führung anzuvertrauen. Als Stein der Gegensätze verbindet er in seiner violetten Farbe das rote Feuer der Lebenskraft und das blaue Licht der Geistigkeit. Er öffnet uns für die Geheimnisse des Lebens, um unsere geistigen Ziele umzusetzen.

Der **Sugilith** ist ein wahrer Stein des Glücks – er schenkt Glücksgefühle und führt aus dem Dunklen ins Licht. Er hilft, den eigenen Standpunkt zu bewahren, Lösungen zu finden, die auf Akzeptanz beruhen, und er lehrt das Göttliche in sich selbst zu finden.

Die Schwächen der Zahl 3

Die 3 ist oft ruhelos, quirlig, launisch, eigensinnig und neigt dazu, sarkastisch zu sein. Schönheit, Luxus und Vergnügen sind für die 3 bedeutend. Äußerlichkeiten sind ihr oft wichtiger als die Menschen. Die

3 nimmt nur ungern Kritik an und mag ihre Schattenseiten nicht sehen, denn dies bedeutet, zu versagen, und das darf die 3 auf keinen Fall. Um sich frei zu fühlen, geht die 3 sehr verschwenderisch mit ihren Energien um. Sie lässt sich schnell begeistern, fängt viel an, beendet wenig. Sie ist ein Leistungsmensch und steht unter ständigem Erfolgszwang. Sie will gewinnen und erscheint deshalb oft überheblich und arrogant. Die 3 sucht Liebe und Anerkennung und ist bereit, viel dafür zu geben, oft mehr als für sie gut ist.

Steine für den Ausgleich der Schwächen

Der **Malachit** ist ein Bewusstmacher. Er regt die innere Bilderwelt an – schenkt Träume und Visionen, bringt unterdrückte Wünsche, Sehnsüchte und Bedürfnisse an die Oberfläche und hilft, Entscheidungen leichter zu treffen. Der grüne Stein lässt die Schattenseiten unserer Gefühlswelt wie Eifersucht, Neid, Missgunst oder Gier erkennen. Er führt zu innerem und äußerem Reichtum und intensiviert so unser Leben.

Der **Obsidian** ist Träger von feuriger, lichtvoller Energie. Er gibt diese Schwingung an Körper, Geist und Seele weiter. Er regt hauptsächlich den emotionalen Bereich und das Unterbewusstsein an und hilft, verschlossene Türen in unserem Innersten zu öffnen. Er lässt verdrängte Ängste, Konflikte und Traumata bewusst werden. Zusammen mit einem Bergkristall kommt es zu einer schnellen Klärung der Konflikte. So löst er einengende Verhaltensmuster auf, hilft, Kritik zuzulassen und ermöglicht es, alle Wesensanteile des Menschen zu integrieren. Er bringt Ehrlichkeit und offenbart die eigene innere Wahrheit.

Der **Covellin** wirkt auf der seelischen wie auf der körperlichen Ebene, er reinigt, entschlackt, entgiftet und hilft bei Unzufriedenheit und falschem Ehrgeiz. Alte Muster und negative Erlebnisse werden aufgelöst. Er rückt Vergangenes ins rechte Licht und ermöglicht es, sich selbst so anzunehmen und zu lieben, wie man ist. Er zeigt, dass alles Geschehene wertvoll war und seinen Sinn hatte, außerdem unterstützt er dabei, Süchten aller Art zu widerstehen.

Ziele der Zahl 3

Die 3 möchte den *Sinn des Lebens* finden, sich selbst, die Welt und die Wahrheit erkennen. Ihr Ziel ist es, mit Zuversicht und Vertrauen die bedingungslose Liebe zu erlangen und die Sprache des Herzens zu deuten. Mit viel Kreativität lebt und liebt sie das Leben.

Die 3 sehnt sich nicht nur nach Lob und Bewunderung, sondern vor allem nach echter Liebe. Mit guter Leistung und viel Erfolg zieht sie viele Menschen an, und mit Herzenskraft und innerer Ruhe kann sie Disharmonien in Harmonien umwandeln. Die 3 sollte ihre schöpferische Vorstellungskraft und ihre Kreativität auf allen Ebenen leben. Dies vermag sie auf alle Arten künstlerischer Ausdrucksweise wie Kunst, Poesie, Theater, Gesang, Sprache usw. zu zeigen. Sie kann damit ihr sonniges Gemüt und ihren Enthusiasmus in die Welt bringen, sich entfalten und daran wachsen. Die Natur spendet Erholung und schenkt Ausgleich: Entspannung, die Stille genießen und einfach da zu sein, um die Verbindung zum inneren göttlichen Wesen zu spüren, befreit und glücklich zu leben. Wenn sie die Kraft hat, sich selbst zu heilen, heilt sie damit auch ihr Umfeld.

Steine zur Unterstützung der Ziele der 3

Der **Lapislazuli** wurde in vielen Kulturen als heiliger Stein verehrt, er ist der Stein der Könige. Mit seiner Energie werden wir wieder »Herrscher im eigenen Reich«. Er tritt mit der Seele des Menschen in Kontakt und lässt sie in neue Dimensionen aufsteigen. Er hilft, Konflikte zu meistern, bringt Harmonie in zwischenmenschliche Beziehungen, fördert die Wahrheitssuche, die Selbstverantwortung, die Besonnenheit und die Authentizität. Er hilft, übergeordnete Zusammenhänge zu erkennen, deshalb ist er auch der Stein, der Weisheit bringt.

Affirmationen zur Zahl 3

- Ich bin zentriert, konzentriert, nutze meine Talente und setze meine schöpferische Kraft konstruktiv ein.
- Ich vertraue meiner inneren Führung und aktiviere das in mir angelegte Potential.
- Das Glück ist an meiner Seite, und unendliche Fülle und Freude begleiten mich.

Weitere ausgleichende und harmonisierende Edelsteine für die Zahl 3

Der **Chrysokoll** unterstützt dabei, geistige Erkenntnisse ins Leben zu integrieren. Er schenkt Ehrlichkeit, Vertrauen, Ausgeglichenheit und Neutralität.

Der **Selenit** öffnet das Verständnis für die eigene Natürlichkeit, bringt die innere Schönheit des Menschen zum Strahlen, er schenkt Erholungsbedürftigen Ruhe, Frieden, Entspannung und hilft, sich von der quirligen Welt zurückzuziehen und in der Stille aufzutanken.

Heilwirkung der Edelsteine der Zahl 3 auf den Körper

Der **blaue Topas** hilft bei Entzündungen, Herzschmerzen und Hautausschlägen, lindert Magersucht und unterstützt bei Stottern und Sprachstörungen.

Der **Sodalith** senkt den erhöhten Blutdruck und das Fieber, ist hilfreich bei chronischer Heiserkeit und Stimmverlust, stärkt das Lymphsystem, reguliert den Stoffwechsel und die Drüsentätigkeit.

Der **Ametrin** verbessert Augenbeschwerden und Schwerhörigkeit, gleicht das vegetative Nervensystem aus, kräftigt und stärkt nach schweren Erkrankungen.

Der **Amethystquarz** wirkt gegen Verspannungen im Kopfbereich und bei Migräne, bei Prellungen und Schwellungen, hilft bei Hautausschlägen, Furunkeln und Schuppenflechte, ebenso bei Wechseljahresbeschwerden, Nervenleiden und Darmbeschwerden. Er wird auch gerne bei Neurosen, Halluzinationen, Hysterie und Trunksucht eingesetzt.

Der **Sugilith** hilft bei motorischen Störungen, Leukämie, Epilepsie und Legasthenie, unterstützt bei starken Zahnschmerzen und wird gerne in der Krebstherapie eingesetzt.

Der **Malachit** wirkt krampflösend und ist deshalb sehr wirkungsvoll bei allen Arten von Kopfweh, bei Menstruationsbeschwerden, Keuchhusten, Muskelkater, Phantombeschwerden und bei Bettnässen.

Der **Obsidian** ist ratsam, wenn wir die innere Sicht der Wahrheit verloren haben und deshalb im Außen schlecht »sehen« können. Er unterstützt den damit verbundenen Läuterungsprozess und löst so Schmerzen, Verspannungen und Gefäßverengungen (hilfreich auch bei einem Raucherbein). Er erwärmt chronisch kalte Hände und Füße und beschleunigt die Wundheilung.

Der **Covellin** bringt ein gutes Körpergefühl, entgiftet das Bindegewebe, unterstützt beim Abnehmen und lässt sich auch gut in der Krebstherapie einsetzen.

Der **Lapislazuli** hat eine fiebersenkende und krampflösende Wirkung und ist ideal bei erhöhtem Blutdruck, Hals- und Schluckbeschwerden, Bandscheibenverschleiß, Phantomschmerzen, Augenentzündungen, lindert Schuppenflechte und Depressionen, hemmt Schlaganfall und Multiple Sklerose.

Der **Chrysokoll** ist ein ausgezeichneter Stein für Frauen. Er beruhigt und gleicht den Hormonhaushalt aus, hilft bei Menstruationsbeschwerden, gegen Früh- und Fehlgeburten, entspannt bei den Geburtswehen, senkt erhöhten Blutdruck und Fieber und beruhigt Magen und Darm.

Der **Selenit** wirkt stärkend auf das Bindegewebe und hilft bei sämtlichen Verspannungen im Rücken- und Schulterbereich.

Die Zahl 4

Eines Tages wird alles gut sein,
das ist unsere Hoffnung.
Heute ist alles in Ordnung,
das ist unsere Illusion.
Voltaire (französischer Philosoph)

Die Symbolik der Zahl 4

Die Zahl 4 ist die erste irdische Zahl, mit ihr entsteht die Materie, der Raum. Mit der 4 verbinden wir das von Menschenhand Erschaffene. Das Zeichen der 4 ist deshalb das irdische Quadrat. Es ist der Inbegriff der Ordnung. Es symbolisiert Einteilung und Kultivierung, anderseits auch Begrenzung und Einengung.

Der Hauptplanet der 4 ist **Uranus**, er regiert das Tierkreiszeichen Wassermann. Uranus sorgt für Erleuchtung und Befreiung des Geistes, er repräsentiert Gemeinschaft, Erfahrung und Gleichheit. Diese Art von Freiheit gibt die Möglichkeit, auch dem Unerwarteten im Leben Platz zu lassen. Uranus lässt bildlich und abstrakt denken und hilft, intuitiv und erfinderisch zu sein; ebenso zeigt er, dass einengende Strukturen, Dogmen, veraltete Denk- und Verhaltensmuster aufzulösen sind.

Der Stein der 4

Der **Granat**, Urfeuer des Lebens, gilt als Stein der Helden, die sich ihren Lebensaufgaben und Prüfungen stellen müssen. Er hilft, den Alltag zu bewältigen, schenkt Selbstvertrauen, Mut, Zuversicht und bringt Erfolg. Dieser Stein stärkt die Willenskraft, um sich von Verhaltensmustern und Gewohnheiten lösen zu können, und bewahrt vor Unheil und Gefahren. Er unterstützt die bildliche Vorstellungskraft und führt zur Hellsichtigkeit.

Talente und Fähigkeiten der Zahl 4

Die 4 ist die Zahl der Stabilität und der Realisierung, die Zahl der Welt und der Materie. Sie ist eine karmische Zahl und bedeutet Aussöhnung mit der Vergangenheit. Jedes Problem birgt die Möglichkeit einer Chance und einer Herausforderung. Mit der 4 werden Zeichen gesetzt. Alles was hier bewusst oder unbewusst »gesät« wird, wird auch »geerntet«.

Die 4 ist ein geborener Individualist, Revolutionär und Reformer mit kompromisslosen Einstellungen und Denkweisen. Sie hat ein Händchen für soziale und technische Belange und ist verlässlich, treu, ehrlich, direkt, großzügig und tolerant. Die 4 lernt mit großer Freude, besitzt ein auffallend gutes Gedächtnis und eine bemerkenswerte Konzentrationsfähigkeit. Sie ist ein praktisch denkender Mensch, direkt und ehrlich, geduldig und loyal. Sie ist hilfsbereit, pünktlich und hält ihre Versprechen.

Die 4 liebt ihr Zuhause, die Natur und Tiere – alles hat seinen Platz und seinen Wert, und sie tut viel dafür, um dies zu erhalten. Wünsche und Träume werden in routinierter und praktischer Weise konsequent umgesetzt. Sie steht mit beiden Füßen fest auf dem Boden und bleibt gerne auf dem Weg, den sie kennt. Die 4 weiß den Wert des Geldes zu schätzen, ist auf Sparsamkeit bedacht, geht kein Risiko ein und kauft nur das, was sie wirklich braucht. Sie ist kein Spieler, Sicherheit geht ihr vor Risiko.

Die 4 strebt nach Wohlstand, deshalb gibt sie ihr Bestes, um gute Ergebnisse zu erzielen. Ihre beruflichen Aktivitäten haben oft etwas mit körperlichen und kraftvollen Tätigkeiten zu tun, und sie arbeitet oft hart und ohne Pause. Die 4 zeichnet sich durch Weitblick, gute Planung und Organisation aus, so kann sie ihre Ideen und Projekte rasch umsetzen. Sie ist ein fairer Geschäftspartner und benötigt ein sicheres und klar strukturiertes (Arbeits-)Umfeld.

Steine für die Stärkung der Talente und Fähigkeiten

Der **grüne Labradorit** ist ein absoluter Lichtstein. Er stärkt Medialität und Intuition, fördert das Wachstum der Persönlichkeit durch die Auseinandersetzung und den bewussten Umgang mit der eigenen Vergangenheit. Er bringt vergessene Talente und Fähigkeiten ans Licht und hilft dabei, Ziele mit Kreativität, Phantasie und Begeisterung zu erreichen.

Der **Rutilquarz** bringt Kraft und Stärke, unterstützt bei anstehenden Herausforderungen, löst Verstrickungen und Angstzustände. Dieser Stein öffnet Türen, er schenkt die Fähigkeit zu handeln, weist einen positiven Weg in die Zukunft und bringt viel Licht und Liebe für den Neuanfang.

Die Schwächen der Zahl 4

Die 4 ist konservativ, liebt Gewohntes und Vertrautes, denn Vergangenes hat sich oft bewährt. Sie leidet gern, ist melancholisch, depressiv, macht aus allem ein Drama, wirkt oft eigenbrötlerisch und isoliert sich dadurch selbst. Nach außen zeigt sich die 4 oft sehr sicher, im Innern ist sie jedoch zögerlich und gehemmt. Sie erscheint sehr solide, ist eher unscheinbar und unauffällig. Ihre Gefühle nimmt sie sehr ernst und ist meist tief verletzt, sobald sie kritisiert wird. Sie tendiert dazu, sich durch Selbstkritik klein zu machen. Die 4 ist ein Sturkopf mit eigener, unveränderlicher Meinung, neigt zu Wutausbrüchen und Eigensinn. Pessimismus und Pedanterie erschweren ihr Leben, oftmals ist sie unsensibel.

Steine für den Ausgleich der Schwächen

Der **Zoisit** hilft, sich aus Anpassung und Fremdbestimmung zu lösen. Er heilt alte Wunden, balanciert Stimmungsschwankungen aus und hilft seinem Träger, eigene Ideen und Wünsche umzusetzen. Er schenkt Herzenswärme und Verständnis und ist ein ausgezeichneter Partnerschaftsstein.

Der **Sardonyx** hat die Möglichkeit, Wut, Hass, Aggressivität und Ängste zu transformieren. Er zeigt neue Lösungswege und hilft so, Karma umzuwandeln und Trauer zu überwinden.

Ziele der Zahl 4

4er möchten ihre tägliche Arbeit motiviert, mit Liebe und Freude verrichten. Ihr Ziel ist, das Leben zu genießen, Mangeldenken aufzulösen, das Geben und Nehmen in Ausgleich zu bringen und alles Leben auf dieser Welt ohne Einschränkungen anzunehmen. Das Leben der 4 ist wohlorganisiert und von praktischem Denken geprägt. Für sie ist es wichtig, Stärke, Sicherheit und Stabilität zu zeigen, um ihrer Berufung mit ganzem Herzen nachzukommen und die hochgesteckten Ziele zu erreichen. Die 4 hat in diesem Leben ganz bestimmte Aufgaben in Bezug auf ihren Beruf und mit ihren Mitmenschen zu erfüllen. Wenn ihr das bewusst ist, dann kann sie ihre mentalen Blockaden auflösen, ihr Sicherheitsdenken vermindern, ihr Leben dennoch auf ein solides Fundament stellen, um Freude und Ausgelassenheit zu erleben. In der Natur kann die 4 neue Kraft und Vitalität tanken und sich bewusst machen: »Die einzige Sicherheit auf Erden ist die Versöhnung mit sich selbst.«

Steine zur Unterstützung der Ziele der 4

Der **Türkis*** vereint Himmel und Erde sowie die Intuition mit der lebendigen Kraft der Erde. Er hat eine sehr starke, kraftvolle Präsenz und hilft, in die Traumwelt vorzudringen. Dieser Stein lässt die Ursachen des Schicksals erkennen, die man selbst gesetzt hat, und zeigt deshalb, was man »ernten« wird. Der Türkis ist ein starker Schutzstein, der negative Einflüsse von seinem Träger fernhält. Er mindert Lebensangst und Nervosität und schenkt frische Energie.

Der **Aquamarin** bringt Licht und Klarheit in die verborgenen Winkel der Seele. Er schenkt geistiges Wachstum, Weitblick, Wohlbefinden, Leichtigkeit und Gelassenheit. Dieser wasserblaue Stein hilft, Ordnung zu schaffen und offene Zyklen zu schließen. Er klärt die Gefühlsebene des Menschen, macht aufrichtig, dynamisch, klar und rein.

Der **Azurit**** öffnet die Tür zu Visionen, er zeigt uns aber auch, welche Prägungen und Glaubensmuster wir übernommen haben. Dieser Stein fördert die Selbsterkenntnis und die spirituelle Entwicklung.

* Anstatt Türkis wird oft gefärbter Magnesit verkauft, auf Echtheit beim Kauf achten.

** Den Azurit gib es meist als kleine Natur-Rosette oder als Schmuckanhänger.

Affirmationen zur Zahl 4

- Ich liebe meinen Beruf, erledige mit Leichtigkeit und Freude meine Arbeiten und nehme die Hilfe an, die mir zuteil wird.
- Ich bin offen und flexibel für Veränderungen und Neuerungen.
- Ich überwinde mein Sicherheitsdenken und transformiere mein Ego.

Weitere ausgleichende und harmonisierende Edelsteine für die Zahl 4

Der **Baumachat** unterstützt die eigenen Stärken, gibt Sicherheit, Stabilität, vitalisiert, bringt Ausdauer, macht heiter, fröhlich und hilft bei Lernschwierigkeiten und innerer Unruhe.

Der **Mookait** ist ein Erdenstein. Er fördert die Identitätsfindung, stärkt die Eigenverantwortung und hilft, Unterdrückung und Beziehungsprobleme zu beheben.

Der **Andenopal** ist Wegweiser für eine neue Zukunftsperspektive. Er stärkt die Aura, schützt und behütet, schenkt enorme Kraft, macht dazu flexibel und beweglich.

Heilwirkung der Edelsteine der Zahl 4 auf den Körper

Der **rote Granat** regt den Blutkreislauf an, unterstützt bei Energiemangel, Blutarmut, offenen Beinen, hilft bei Potenzschwäche, Frigidität, Geschlechtskrankheiten, Arthritis, Verkalkung und Immunschwäche.

Der grüne **Labradorit** lindert Rheuma und Gicht, stärkt Nerven, Zellen und festigt das Gewebe der Haut, ist gut bei Wetterfühligkeit, Allergien und Entzündungen.

Der **Rutilquarz** unterstützt bei allen Lungen- und Atemwegserkrankungen und ist sehr gut bei Ängsten, Neurosen und Beklemmungen im Brustbereich, regt die Zellregeneration an und fördert sogar das Haarwachstum.

Der **Zoisit** hilft bei schweren Erkrankungen, wirkt entzündungshemmend, fördert die Fruchtbarkeit, Potenz und unterstützt bei Prostata-, Hoden- und Eierstockerkrankungen.

Der **Sardonyx** lindert grippale Infekte, Herpesbläschen, Asthma, Schilddrüsenprobleme, aktiviert Körperflüssigkeiten und mildert Krampfadern.

Der **Aquamarin** ist gut für Lunge und Atemwege, Keuchhusten, reguliert den Hormonhaushalt, Drüsenstörungen und Nervenschmerzen. Er stärkt die Sehkraft, die Leber und lindert alle Allergien, besonders Heuschnupfen.

Der **Azurit** unterstützt Leber und Galle, stimuliert die Schilddrüse, verbessert das Reaktionsvermögen und stärkt die Sinne.

Der **Baumachat** stärkt die Nieren und das Immunsystem, bringt positive Energie und ist ein ausgezeichneter Stein für Kinder bei ADHS und Lernproblemen, da er erdet, regeneriert und beruhigt.

Der **Mookait** entgiftet das Gewebe der Haut, stärkt Leber, Milz und Bauchspeicheldrüse und hilft bei Magen- und Darmproblemen.

Der **Andenopal** entschlackt und entgiftet, löst Wassereinlagerungen und stärkt das Immunsystem.

Die Zahl 5

Die Fähigkeit, das Wort »Nein« auszusprechen,
ist der erste Schritt zur Freiheit.
Nicolas Chamfort (französischer Schriftsteller)

Die Symbolik der Zahl 5

Die Zahl 5 wird durch das Pentagramm, den Fünfstern dargestellt. Es repräsentiert den Menschen mit seinen vier Gliedmaßen und dem Kopf, ebenso die vier (irdischen) Elemente und den »Geist«. Der fünfzackige Stern gilt als Schutzsymbol, das negative Kräfte bannt. Das Pentagramm führt in die Einheit, da es Himmel und Erde miteinander verbindet.

Der Hauptplanet der 5er ist **Merkur**, der kleinste und sich am schnellsten bewegende Planet unseres Sonnensystems. Er regiert die Tierkreiszeichen Zwillinge und Jungfrau. Merkur ist in der Mythologie der Bote der Götter, der Vermittler, der dem Menschen die Sprache, die Rhetorik und die Fähigkeit zu kommunizieren überbrachte.

Der Stein der 5

In der Antike galt der **Smaragd** als Stein der göttlichen Eingebungen. Er ist ein ganz besonderer Heilstein. Seine grüne Energie durchflutet, reinigt und heilt die Aura sowie das ganze Energiesystem. Er hilft, negative Erfahrungen aus der Kindheit aufzulösen und befreit von krankmachenden Energien, Stauungen und Blockaden. Der Smaragd lässt den Menschen jünger und schöner aussehen, durchdringt ihn mit Sanftheit, Liebe und Frieden, dazu fördert er Hellsichtigkeit und Voraussicht, macht aufrichtig, zielstrebig und bringt Körper, Denken, Fühlen und Handeln in Einklang. Der Smaragd hilft, Schicksalsschläge zu überwinden, schenkt Geborgenheit und führt den Menschen zum Licht.

Talente und Fähigkeiten der Zahl 5

Die 5 ist die Zahl der Freiheit, der Kommunikation und symbolisiert den reinen Geist.

Die 5 ist gesellig, vielseitig begabt, beweglich, wandlungsfähig und liebt die Abwechslung. Sie geht gerne auf Reisen, lernt neue Orte und Menschen kennen und weiß dadurch immer Interessantes zu berichten. Die 5 ist lebhaft, lebensbejahend, sie versprüht eine enorme Erfolgsdynamik und ist sozusagen »Energie pur«. Sie macht gerne unkonventionelle Erfahrungen, ist immer wieder auf der Suche nach neuen Interessen, Anregungen, Veränderungen und Herausforderungen. Genug persönliche Freiheit zu haben, ist für sie lebensnotwendig.

Die 5 ist ein gefühlvolles, sinnliches und romantisches Geschöpf. Mit ihrer sympathischen, intelligenten, dynamischen Art ist sie sehr beliebt und erfreut sich langer und tiefer Freundschaften. Sie zeigt sich vielseitig interessiert und ist neugierig auf das Leben. Die 5 besitzt eine geradezu magische Anziehungskraft auf das andere Geschlecht, was Konflikte nach sich ziehen kann.

Die 5 hat eine künstlerische Begabung, lässt sich schnell begeistern, ist aktiv und spontan. Ihr großes Herz hilft ihren Mitmenschen, und gerne übernimmt sie karitative Aufgaben. Die 5 ist intelligent, impulsiv und schlagfertig. Sie liebt den Kontakt zu Menschen(-gruppen), legt Wert auf ihre äußere Erscheinung und möchte immer einen guten Eindruck hinterlassen. Als eifriger Leser, gewandter Redner und vielseitiger Organisator ist die 5 ein anregender Gesprächspartner. Sie hat eine rasche Auffassungsgabe, denkt sehr fortschrittlich und handelt schnell.

Sie sprüht vor Ideen und erledigt gerne mehrere Dinge gleichzeitig. Alleine schafft sie oft mehr, als ein ganzes Team zusammen.

Stein für die Stärkung der Talente und Fähigkeiten

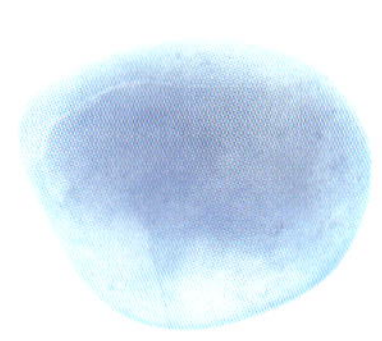

Der **blau-gebänderte Chalcedon** gilt seit alters her als »Stein der Redner«. Er dient mit seiner Energie der Kommunikation und somit der Zahl 5. Er hilft bei Redehemmungen, besonders im Hals und Kehlkopfbereich und beruhigt bei großer Anspannung und Nervosität, er schenkt Gelassenheit und öffnet für innere Inspirationen. Der Chalcedon unterstützt bei Schwächezuständen, Schwermut und Unzufriedenheit. Er macht unbewusstes, intuitives Wissen zugänglich und hilft, es in Worten auszudrücken. Er fördert Leichtigkeit, Lebendigkeit und Optimismus und ist deshalb ideal, um Kontaktfreudigkeit zu unterstützen.

Die Schwächen der Zahl 5

Die 5 verliert sich oft in der Vielzahl der Angebote und Ideen, die ihr das Leben bietet. So verspürt sie oft eine innere Leere. Um sich nicht damit auseinandersetzen zu müssen, beschäftigt sie sich lieber mit allem, was im Außen passiert. Die 5 sammelt leidenschaftlich alle Arten von materiellen Dingen, aber auch geistiges Wissen, indem sie Bücher liest oder Seminare besucht, in der Hoffnung, die Leere damit auszufüllen. Sie arbeitet mehr mit dem Kopf und dem Verstand und achtet weniger auf ihr Herzgefühl. Die 5 bricht gerne Regeln und nimmt nur ungern Rat an, Alltagstrott und Wiederholungen langweilen sie. Die 5 ist ein unruhiger, rastloser, ungeduldiger Mensch, der gehetzt wirkt, oft keine große Ausdauer besitzt und gerne auf »vielen Hochzeiten tanzt«. Die 5 kann launisch, pessimistisch und missmutig, unzuverlässig, impulsiv und hektisch sein. Ihre leichte Reizbarkeit entwickelt sich oft zu einem Wutausbruch, der jedoch auch schnell wieder vergeht. Häufige Stimmungswechsel belasten ihre Beziehungen in allen Bereichen.

Steine für den Ausgleich der Schwächen

Der **grüne Moosachat** unterstützt dabei, mehr Offenheit und Toleranz zu entwickeln, geerdet zu bleiben und geistige Freiheit, Inspiration und Kommunikationsfähigkeit zu vermitteln. Dieser Stein steigert die Bewusstheit, fördert intellektuelle Fähigkeiten, befreit von Angst und fixen Ideen, hilft, unsere wahren Gefühle zu leben und unsere weiche kindliche Seite zu entdecken. Der Moosachat weckt die Selbstverantwortung, verleiht Ausgeglichenheit und Harmonie.

Das **Tigerauge** schenkt Wärme, Glück und Geborgenheit. Es lässt erkennen, dass die wirkliche Erfüllung, die Sicherheit und das Vertrauen zum Leben in uns selbst zu finden ist. Es zeigt, dass das Leben in ständiger Bewegung ist, und schenkt Mut, Zuversicht und Tatendrang.

»Wer immer nur funktioniert, entzieht sich dem Abenteuer des Lebens.«

Armin Mueller-Stahl (deutscher Schauspieler)

Ziele der Zahl 5

Die 5 möchte die notwendige persönliche Freiheit leben, die sie für ihr Leben benötigt, und das tun, was sie zufriedenstellt, ganz gleich, was andere darüber denken. Ihr Ziel ist es, die Hürden des Lebens mit Leichtigkeit zu bewältigen, Freiheit auf allen Ebenen zu erlangen und mit dem Herzen, statt mit dem Kopf zu denken.

Es ist wichtig, Gefühle wahrzunehmen und wenn nötig, über den eigenen Schatten zu springen, aber dennoch keine faulen Kompromisse einzugehen. Für die 5 ist es wichtig, die Freiheit auch in ihrem Denken und Tun zu erleben, alte politische, gesellschaftliche, soziale und wirtschaftliche Strukturen niederzureißen. Sie sollte an keinem ihrer Lehrmeister festhalten, denn es wird viele Lehrer geben. Die fachliche Kompetenz der 5 wird Menschen anziehen, die Rat und Hilfe benötigen, um mit ihrer ansteckenden Begeisterung wahre Wunder zu vollbringen. Eine Übereinstimmung im Fühlen, Handeln und Reden führt zur Selbstbestimmung und bringt echte Freiheit im Leben. Erst wenn die 5 die Wahrheit in sich selbst findet und weiß, dass nur die Verbindung zum eigenen inneren Selbst ihre Sehnsucht stillen kann, erreicht sie ihr Ziel.

Stein zur Unterstützung der Ziele der 5

Der **Sodalith** stellt die stärkste Verbindung zwischen Geist und Materie her. Er unterstützt dabei, Idealen und Zielen treu zu bleiben. Mit seiner Energie können wir Vorstellungen und Phantasien der Realität anpassen, um sie zu verwirklichen. Er heilt Beziehungswunden, hilft in Trennungsphasen und unterstützt besonders Menschen, die sich alleingelassen fühlen. Der Sodalith gibt Kraft und Energie, um festgefahrene Verhaltensweisen und Überzeugungen bewusst hinter sich zu lassen, um offen für neue Wege zu sein. Außerdem ist er bei allen Formen von Ängsten einsetzbar. Der lebhaften 5 hilft er, die Stille zu entdecken und der Natur mit Liebe und Achtung zu begegnen.

Affirmationen zur Zahl 5

- Ich sehe die Weisheit in meinem Herzen und verbinde mein Herzgefühl mit meinem Verstandesdenken.
- Ich bin im Hier und Jetzt, frei in meinen Gedanken, bin im Fluss des Lebens, und alles entwickelt sich zum Besten.
- Ich heiße Harmonie und Freude in meinem Leben willkommen und nehme mit Gottvertrauen an, was auf mich zukommt.

Weitere ausgleichende und harmonisierende Edelsteine für die Zahl 5

Der **Charoit** hilft, Veränderungen zu meistern, Widerstände zu überwinden, er stärkt das Gedächtnis, bewahrt vor Fehlentscheidungen, löst Fremdbestimmungen auf und schenkt erholsamen Schlaf mit kreativen Träumen.

Der **Heliotrop** gehört zur Jaspisfamilie, er ist ein Erdenstein, der die eigenen Schwächen und Stärken erkennen und wahrnehmen lässt und das Ich-Bewusstsein unterstützt, sich vor unerwünschten Einflüssen zu schützen und bei Gereiztheit, Ungeduld und Aggressivität zu beruhigen.

Der **Aragonit** übt eine beruhigende Wirkung aus, stabilisiert zu schnelle Entwicklungsschritte, stärkt männliche Aspekte und Eigenschaften im Menschen.

Heilwirkung der Edelsteine der Zahl 5 auf den Körper

Der **Smaragd** ist ein Regenerations- und Verjüngungsstein, er stärkt die Sehkraft und hilft bei Augenerkrankungen, heilt Nebenhöhlenentzündungen, Grippe, Rheuma und unterstützt bei Gedächtnisschwäche, Blähungen, Gallen-, Herz- und Leberbeschwerden.

Der **blaugebänderte Chalcedon** findet seinen Einsatz bei Heiserkeit, Lymphdrüsenschwellungen, Wetterfühligkeit, Stimmbandproblemen, Atemwegserkrankungen, Wassereinlagerungen im Gewebe, Nervosität und ist gut bei Wechseljahresbeschwerden.

Der **Sodalith** beruhigt das Nervensystem, senkt den Blutdruck, hilft bei Asthma und Stimmverlust und unterstützt bei allen Problemen im Hals- und Kehlkopfbereich.

Der **Charoit** wird gerne zur Krebsbehandlung mit eingesetzt, da er bei Schmerzen und Krämpfen hilft, dazu fördert er einen basischen Stoffwechsel und beruhigt die Nerven.

Der **grüne Moosachat** stärkt das Immunsystem und ist sehr hilfreich bei trockenem Husten, Bronchitis und allen anderen Infekten, da er den Lymphfluss anregt.

Das **Tigerauge** lindert Asthma, Nervosität und Schmerzen, es stärkt Knochen, Gelenke und Sehkraft.

Der **Heliotrop** ist sehr gut für das Immunsystem, hilft bei Rheuma, entgiftet und entsäuert.

Der **Aragonit** wird eingesetzt bei Bandscheibenproblemen und degenerativem Rheuma, dazu stärkt er das Immunsystem.

Die Zahl 6

Wenn man Liebe nicht bedingungslos
geben und nehmen kann,
ist es keine Liebe, sondern ein Handel.
Emma Goldman (amerikanische Friedensaktivistin)

Die Symbolik der Zahl 6

Das Hexagramm, auch Sechsstern genannt, ist das Symbol der Zahl 6. Dieses Zeichen verbindet Gegensätze: Geist und Materie, Licht und Finsternis, Zeit und Raum, Feuer und Wasser, Mann und Frau… Wenn der Mensch diese Gegensätze vereint, besitzt er große Heilkraft, da er die Energie aus den hohen Ebenen des Lichts über sich selbst als Kanal erden kann. Die Zahl 6 steht für die weibliche, spirituelle, bedingungslose Liebe.

Der Hauptplanet der 6er ist die **Venus**. Sie regiert die Tierkreiszeichen Stier und Waage und das Wertesystem des Menschen. Sie sorgt für Harmonie und Ausgeglichenheit.

Der Stein der 6

Der **Chrysokoll** ist besonders in dieser jetzigen Wandlungszeit sehr wichtig. Er trägt Weisheit und Reinheit in sich, schenkt seinem Träger Vertrauen und Ehrlichkeit und macht Emotionen und Bedürfnisse bewusst. Der Stein vereint Verstand und Gefühl und bringt seinem Träger immer wieder neue frische Energie. Er hat eine besondere Verbindung zum Unendlichen und vermittelt deshalb eine wunderbare Offenheit zum Leben, schenkt die Kraft des Friedens, des Einfühlungsvermögens und bringt Ausgeglichenheit und Mitgefühl. Mit diesen göttlichen Schwingungen lebt der Mensch die bedingungslose Liebe.

Talente und Fähigkeiten der Zahl 6

Die 6 ist die Zahl der Lebenskraft und der Durchsetzung. Sie steht für die Selbstliebe wie für die Hingabe an den Mitmenschen.

In der Zahl 6 stecken das Mütterlich-Weibliche, die Zärtlichkeit, die Zuverlässigkeit und das Mitgefühl. Sie ist hilfsbereit, gewissenhaft und engagiert und schenkt Geborgenheit, Sicherheit und Schutz. Als liebevoller, unparteiischer und fairer Berater steht sie mit verständnisvollem Rat an der Seite der Hilfesuchenden und wägt Recht und Unrecht ab. Die 6 ist ein sozialer Mensch, der sich für Wahrheit, Gerechtigkeit und

Ordnung einsetzt. Sie ist vorausschauend, mutig und hat einen 6. Sinn für Gefahren. Sie ist praktisch orientiert, verantwortungsbewusst, fair, unparteiisch und loyal.

Ihre Unternehmungen zeichnen sich durch Klugheit, Verstand und klare Gefühle aus. Die stark entwickelte Intuition der Zahl 6 hilft bei all ihren Plänen und verleiht ihr den nötigen Durchblick. Sie findet Bestätigung in Pflegeberufen oder in Beratertätigkeiten. Die meisten Menschen mögen die 6 gern und fühlen sich in deren Gegenwart sehr wohl, denn sie ist freundlich, charmant, optimistisch, geduldig, gewissenhaft und tolerant. Sie besitzt eine auffallende Ausstrahlung, Erotik und Sinnlichkeit und gibt ihrem Umfeld Ruhe, Zuwendung, Liebe und Verständnis. Sie ist ein guter Gastgeber und mag es, wenn sie von Schönheit umgeben und ihr Zuhause geschmackvoll eingerichtet ist. Sie hat sich auch der Ästhetik und Kunst verschrieben, dazu liebt sie Musik und Rhythmus, die ihr tiefe Entspannung bringen.

Steine für die Stärkung der Talente und Fähigkeiten

Morqui Marbles sind Steine, die in Paaren vorkommen. Sie unterstützen Partnerschaften, bringen Glück in der Ehe, ziehen den Seelengefährten an und zeigen, wonach sich die Seele sehnt, die Liebe des Lebens. Diese kugeligen Gesellen schenken dem Körper Wärme und Entspannung und erleichtern das Einschlafen.

Der **Morganit** ist ein starker Herzstein und ein guter Helfer bei Liebeskummer. Er lässt erkennen, dass alles, was wir im »Anderen« suchen, wir nur im eigenen Inneren erfahren können. Dieser Stein hilft, Ehrgeiz, Stress und Leistungsdruck abzubauen und schafft Raum für Muße.

Schwächen der Zahl 6

Die 6 wird leicht von Selbstzweifeln befallen und ist deshalb vorsichtig und misstrauisch. Sie ist wachsam bei Lob und Anerkennung, weil sie vermutet, dass man über Schmeicheleien an sie herankommen möchte. In Glaubensangelegenheiten ist die 6 eher engstirnig, da sie sehr konservativ und realistisch ist. Sie hat Schwierigkeiten, sich zu entscheiden, und ihrem geistigen Wachstum steht meist ihr großes Bedürfnis nach Beistand und Sicherheit im Weg. Bei Ungereimtheiten sucht sie umgehend einen Sündenbock und will alles »schwarz auf weiß« bewiesen haben. Die 6 lässt sich gerne durch Kleinigkeiten aus der Ruhe bringen, sie hat Schwierigkeiten, Entscheidungen zu treffen, liebt mitunter heftige Auseinandersetzungen, oder aber sie lehnt jegliche Konfrontation ab. Oft ist die 6 in ihrer großen Sehnsucht nach Liebe zu leidenschaftlich, ist besitzergreifend, eifersüchtig oder vereinnahmt ihre Mitmenschen emotional. Für verschiedene Abhängigkeiten und Süchte (Essen, Alkohol, Rauchen, Drogen – aber z. B. auch Computer und Sport können sich zur Sucht steigern!) ist die 6 auch anfällig.

Steine für den Ausgleich der Schwächen

Der **Aventurinquarz** wirkt sehr sanft und versöhnlich und besänftigt die Tumulte im Herzen. Er hat einen ausgleichenden Einfluss auf das Gefühlsleben und hilft, die innere Harmonie wieder herzustellen, dazu beruhigt er bei Wut oder Ärger und vermittelt Heiterkeit und Gelassenheit.

Der **Epidot/Unakit** ist ein Regenerationsstein auf allen Ebenen, er hilft sogar auftauchende Probleme in der Mutter-Kind-Beziehung zu neutralisieren. Er klärt und stärkt die unteren Chakren, stabilisiert die Aura und richtet über die Körperebene die Wirbelsäule wieder auf. Er schenkt viel Kraft und Durchsetzungsvermögen.

Ziele der Zahl 6

Die 6 liebt ihr Zuhause und ihre Familie. Liebe und Sexualität sind für sie wichtige Themen. Ihr Ziel ist es, jedes Wesen, ob Mensch, Tier oder Pflanze, so zu akzeptieren wie es ist, um in Harmonie und Frieden leben zu können.

Für die 6 ist es wichtig, ihre Liebe zur Menschheit und zu allem, was lebt, zum Ausdruck zu bringen. Sie kann emotionale Verbindungen vertiefen und ihre Mitmenschen unterstützen. Wo immer es nötig ist, leistet sie großzügige Hilfe – ohne zu erwarten, dass etwas zurückkommt. Die 6 ist glücklich und im Einklang mit dem Göttlichen, wenn sie sich für ihre Ideale einsetzen und hinter ihren Entscheidungen stehen kann.

Der innere Ausgleich ist für die 6 unabdingbar. Ist die 6 in ihrer Mitte, wirkt sie heilend durch ihre bloße Anwesenheit, durch ihre Liebe, ihre Zuwendung, ihr Zuhören und ihre Wertschätzung. Ihr Ziel liegt darin, andere zu lieben, sie zu lehren, ihnen zu dienen und der Menschheit Trost zu spenden. Liebe und Mitgefühl sind die höchsten geistigen Werte. Die 6 gibt sich dem Fluss des Lebens hin und erlebt dabei, wie Kraft, Mut und Liebe sich immer mehr verstärken. Sie wird Menschen anziehen, deren Nöte und Sehnsüchte sie mit Licht und Heilung füllen kann.

Steine zur Unterstützung der Ziele der 6

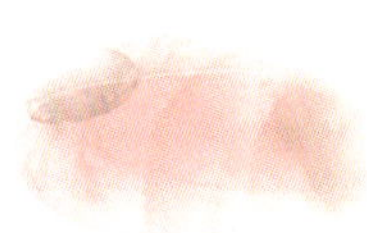

Der **Rosenquarz** ist ein Liebesstein. Er hilft, dem anderen frei, offen und ohne Erwartungen zu begegnen. Seine Ausstrahlung lässt unser Herz aufatmen. Er fördert Zärtlichkeit, Selbst- und Nächstenliebe, Romantik, Hilfsbereitschaft und Aufgeschlossenheit. Mit seinem rosafarbenen Licht gewinnen wir Zufriedenheit und Erfüllung zurück. Er befreit von Sorgen und macht empfänglich für Musik, Malerei und Dichtung.

Der **Malachit** war in allen Kulturen einer Göttin geweiht und repräsentiert Schönheit, Freundschaft, Sinnlichkeit, Ästhetik, musische Künste und vermittelt so das Weibliche in allen Facetten.

Der Malachit mit seiner Vielfalt an Mustern zeigt, wie Licht und Schatten sich ergänzen und was wir deshalb für unsere positive Entwicklung brauchen. Er hilft, sich so anzunehmen, wie man ist, schenkt Erneuerung, Transformation und die tiefe Liebe zum Leben und seinen vielfältigen Ausdrucksformen. Wenn man sich weiterentwickeln will und unbewusste Blockaden erkennen und aufheben möchte, ist der Malachit eine große Hilfe. Er ist ein ausgezeichneter Heilstein, der emotionale Probleme im Herz-Chakra löst und für ein ausgewogenes Verhältnis zwischen Gefühl und Verstand sorgt.

Affirmationen zur Zahl 6

- Ich lasse alte Denkmuster und Prägungen los und akzeptiere, dass jeder sein eigenes Leben, seine eigenen Meinungen und Ansichten hat.
- Ich trete für meine Überzeugungen ein, treffe meine eigenen Entscheidungen und finde ehrliche, kreative Lösungen.
- Ich nehme die Stimme meines Herzens wahr und bin im Einklang mit mir selbst.

Weitere ausgleichende und harmonisierende Edelsteine für die Zahl 6

Die **Pyrit-Grüppchen** sind Heil- und Integrationssteine für Menschen, die sich ausgeschlossen und nicht verstanden fühlen. Sie fördern Selbsterkenntnis, konfrontieren mit Schattenseiten, wirken bei Ängsten, Depressionen und lösen chronische Müdigkeit auf. Die Pyritwürfel unterstützen besonders Menschen, die körperlich oder geistig benachteiligt sind. Sie rütteln die Seele aus ihrem Dornröschenschlaf und lassen neue Kraft und Hoffnung schöpfen.

Der **Bernstein** unterstützt in guten wie in schlechten Zeiten. Er besitzt mütterliche Eigenschaften und gibt Menschen, die ohne Mutterliebe aufwachsen mussten, Zuversicht, Geborgenheit, Unabhängigkeit und Schutz.

Heilwirkungen von Edelsteinen der Zahl 6 auf den Körper

Der **Chrysokoll** ist ein wunderbarer Frauenstein, er unterstützt bei Menstruationsbeschwerden, wirkt gegen Fehl- und Frühgeburten, hilft bei Infektionen, entspannt den Verdauungstrakt, senkt den Blutdruck und reguliert die Schilddrüsenfunktion.

Die **Moqui Marbles** sind Regenerationssteine und unterstützen bei chronischen Beschwerden, verbessern die Durchblutung sowie die Schutzfunktion der Haut.

Der **Morganit** hemmt Arterienverkalkung und unterstützt positiv bei sämtlichen Beschwerden im Herzbereich, bei Nervenleiden und Impotenz.

Der **Aventurin** ist heilsam bei Hautkrankheiten, Ausschlägen, Ekzemen und allen emotionsbedingten Herzkrankheiten. Er senkt den Cholesterinspiegel und stärkt das Bindegewebe.

Der **Epidot/Unakit** unterstützt alle Heilungsprozesse und stärkt Leber, Galle, das gesamte Immunsystem und sämtliche Verdauungsvorgänge.

Der **Rosenquarz** hilft bei psychosomatischen Herzerkrankungen, Geschlechtskrankheiten, sexuellen Schwierigkeiten sowie bei Venenentzündungen und Thrombose.

Den **Malachit** kann man auf alle schmerzenden und kranken Stellen am Körper auflegen. Bei Koliken, Krämpfen, Menstruationsbeschwerden und Asthma entspannt er und hilft bei Vergiftungen, Rheuma und Sehschwäche.

Den **Pyrit-Würfel** sollte man als Spiegel sehen, der Ursachen erkennen und Lösungen finden lässt.

Der **Bernstein** fördert den Selbstheilungsprozess und hilft bei Asthma, Keuchhusten, Bronchitis, Grippe, Magen- und Darmstörungen, erleichtert das Zahnen von Kleinkindern und hilft bei Gelenkbeschwerden.

Die Zahl 7

Die Weisheit eines Menschen
misst man nicht nach seinen Erfahrungen,
sondern nach seiner Fähigkeit,
Erfahrungen zu machen.
Georg Bernard Shaw (irischer Dramatiker)

Die Symbolik der Zahl 7

Das Zeichen der Zahl 7 ist der siebenarmige Leuchter, die Menora. Sie symbolisiert die Erleuchtung, die 7 Säulen der Weisheit. Die 7 Arme des Leuchters zeigen den Standort, die vier Himmelsrichtungen, sowie das Oben und Unten. Die Zahl 7 setzt sich aus der Zahl 3, der Zahl des Himmels, der Seele und des Männlichen, und der Zahl 4, die Zahl der Erde, des Menschen und des Weiblichen zusammen und bringt somit Gott und die Menschen in eine Verbindung. Sie ist deshalb die Zahl der Ganzheit und der seelischen Reife, welche Körper, Geist und Seele vereint.

Der Hauptplanet der Zahl 7 ist **Neptun**. In der Mythologie ist Neptun der altrömische Gott der Meere. Er regiert das Tierkreiszeichen Fische. Neptun löst langsam und stetig alle Barrieren auf, die das Ego um sich baut. Die psychologische Funktion von Neptun ist es, uns dabei zu helfen, unsere Begrenzungen zu überwinden, indem wir unser Gefühlsleben verfeinern und weiterentwickeln.

Der Stein der 7

Bereits in der Antike war der **Amethystquarz** für seine ernüchternde, klärende Wirkung bekannt. Seine sanften Schwingungen vermitteln jene Art von Ruhe, um Ängste, Wut und Beklemmungen aufzulösen, damit sich der Geist für neue Erfahrungen öffnen kann. Er fördert eine dauerhaft geistige Wachheit und den Sinn für Spiritualität, er stärkt den Gerechtigkeitssinn und das Urteilsvermögen, bringt Ehrlichkeit, Aufrichtigkeit und Klarheit hervor. Er unterstützt bei der Bewältigung von Verlusten und Trauer und hilft, tiefen inneren Frieden zu finden. Der violette Stein klärt die innere Bilderwelt, erhöht die Konzentration und schenkt Visionen sowie gute Träume. Er fördert die Inspiration, die Intuition und öffnet uns für die Geheimnisse des Lebens. Sobald wir uns seiner Führung anvertrauen, leitet er uns zu unserer eigentlichen Aufgabe und Bestimmung. Er kann alte Energien erfassen, sie transformieren und seinen Träger zu Selbstlosigkeit im Denken und Handeln führen. Er fördert die Überwindung von Verhaftungen, unkontrollierten Mechanismen und Suchtverhalten.

Er findet bei allen Problemen Verwendung, die durch Stress, Nervosität und großer Anspannung entstanden sind.

Talente und Fähigkeiten der Zahl 7

Die 7 ist die Zahl der Mystik und der Lebensfülle. Sie ist immer auf der Suche nach dem inneren Wissen und dem Sinn des Lebens.

Die 7 gilt als gewissenhaft, loyal, respektvoll und fleißig. Sie kann organisieren, planen, verwalten, aufbauen und ist in fast allen Lebensbereichen wortführend. Hektik liegt ihr überhaupt nicht. Das Leben der 7 ist von unerwarteten Veränderungen bestimmt. Sie nimmt die Höhen und Tiefen ihres Lebens besonders stark wahr, denn die 7 ist ein sehr sensibler, natürlicher und herzlicher Mensch. Sie hat Charme und eine gute Menschenkenntnis. Die 7 ist lernbegierig, neugierig und hat eine natürliche Neigung zu Religion, Philosophie, Metaphysik und Spirituellem. Sie ist fasziniert von psychologischen und philosophischen Studien. Die 7 will alles selbst sehen, verstehen und erfahren. Komplexen Fragen und Problemen geht sie auf den Grund. Ihre scharfe Beobachtungsgabe hilft ihr, alle Situationen zu analysieren. Durch das innere Hinhören erhält sie Antworten auf ihre Fragen, und sie hat deshalb die Fähigkeit, hinter die Dinge zu sehen. Sie ist aber auch empfänglich für alles Intellektuelle, für Wissen und Bildung. Sie hält sich gerne von Menschenmassen fern, um nachzudenken oder zu philosophieren. Ruhe und Frieden sind für die 7 wie die Luft zum Atmen. Sie ist ein vertrauenswürdiger Freund, zuverlässiger Partner und ein mitfühlender und ehrlicher Mensch. Die 7 behandelt andere mit Respekt und fühlt mit allen Kreaturen; sie liebt Natur und Tiere.

Steine für die Stärkung der Talente und Fähigkeiten

Das **Falkenauge** bringt geistige Neuorientierung. Es befreit von Gedankenmüll, bringt Klarheit, um größere Zusammenhänge des Lebens zu verstehen, und zeigt dem Verstand, was seiner Seele schadet. Das Falkenauge bekämpft das Ego, hilft zur seelischen

Stabilisierung, verbessert die Intuition sowie die Wahrnehmung und bewahrt vor schwierigen Situationen und falschen Freunden.

Der **Ametrin** unterstützt dabei, sich nicht mehr hinter Krankheiten, Ängsten und Problemen zu verstecken; alles was unklar ist, macht er klar. Er gibt die Kraft zu handeln und Mögliches umzusetzen.

Die Schwächen der Zahl 7

Die 7 ist ein Pessimist, dazu unbeständig, und sie lehnt vieles von vornherein ab. Sie ist ein oft ernsthafter, in sich gekehrter, zurückhaltender Mensch und wirkt dadurch eigenbrötlerisch. Die 7 ist verschlossen, misstrauisch, fühlt sich in Menschengruppen unwohl und hat einen Hang zur Selbstisolation. Auf den Rat anderer hört sie ungern, kann nur schwer deren Meinungen akzeptieren und neigt dazu, Unangenehmes aufzuschieben. Sie will sich nicht mit emotionalen Problemen befassen, möchte den seelischen Schmerz nicht wahrnehmen und die Schattenseiten nicht sehen. Die 7 gibt sich nach außen gerne lustig, ist aber im Inneren oft tieftraurig und täuscht dadurch sich selbst und ihre Umwelt. Sie lächelt auch dann noch, wenn es ihr wirklich schlecht geht. Sie verbirgt meistens, was sie fühlt und denkt, ist oft unsicher, fühlt sich unverstanden und einsam. Sie ist weder anpassungsfähig noch häuslich und sucht im Außen, was ihr im Inneren fehlt.

Steine für den Ausgleich der Schwächen

Der **Orangencalcit** ist der ideale Stein, wenn man nicht mehr an das Positive im Leben glaubt. Er fördert Planung und Organisation, gibt Selbstvertrauen und Standfestigkeit, verbessert das Gedächtnis, schenkt Urvertrauen und ein Lächeln für jeden Tag. Der Orangencalcit zeigt den Weg zur Sinnfindung des Lebens.

Der **Prehnit** ist ein erfrischender Stein und hilft bei Verbissenheit oder neurotischen Problemen. Wenn Menschen Angst vor Heilung

haben, arbeitet er sanft und ermöglicht so seinem Träger, sich zu öffnen. Er unterstützt bei depressiven Verstimmungen, macht unternehmungslustig und gut gelaunt.

Ziele der Zahl 7

Das größte Thema der Zahl 7 ist das Urvertrauen, um die Verbindung zur Intuition auch wirklich zu leben, um sich dem Fluss des Lebens anvertrauen zu können und um das Leben so anzunehmen, wie es ist. Stille und Meditation helfen auf dem bewussten Weg nach innen. Das ganze Wissen und die ganze Weisheit stecken in jedem Menschen. Das Ziel der 7 ist, eine klare Ausrichtung zu haben, das heißt, Wahrheit im eigenen Herzen zu finden und zu erkennen, dass die materielle Welt eine Illusion und die geistige Ebene die Wirklichkeit ist.

Alles was die 7 im Außen erlebt, ist eine Spiegelung ihrer selbst, so kann nur das reflektiert werden, was im Inneren vorhanden ist. Reinigung und Klärung der Gefühle ist deshalb wichtig. Ziele, Einstellungen, Verhaltensweisen, Wünsche usw. sollten immer wieder daraufhin überprüft werden, ob sie noch aktuell sind. Die 7 setzt sich gerne mit Philosophie, Religion und Metaphysik auseinander, um zu wissen, wer sie wirklich ist. Die 7 muss, fern von den Massen, ihre Antworten suchen und für sich selbst eine Philosophie entdecken, nach der sie leben kann. Um das innere Licht zu finden, ist es manchmal notwendig, sich von der Außenwelt zurückzuziehen – um danach gestärkt ins Hier und Jetzt zurückzukehren. Die 7 hat ein natürliches Gespür für die Wahrheit. Ihre starke und ausgeglichene Intuition verleiht ihr die nötige Einsicht und hilft ihr bei Entscheidungen, Plänen und Projekten. Für die 7 ist es wichtig, ihren Visionen zu vertrauen, sich auf ihre eigene Intuition zu verlassen, ihre eigenen Wurzeln zu stabilisieren, sich zu erden, um ihre Stärken wahrzunehmen, Klarheit in ihr Leben zu bringen und dadurch zu großer Weisheit zu gelangen.

Steine zur Unterstützung der Ziele der 7

Der **Kunzit** mit seinem zarten violetten Rosa ist ein Stein, der in uns die erhöhte Liebe zum Erklingen bringen will. Er wirkt stark auf die Seele und hilft, geistig zu wachsen und die unerschöpfliche Quelle der Liebe und Freude nach außen zu tragen. Bei seelischen Leiden ist er eine große Hilfe. Er vertreibt die Angst und schenkt göttliches Vertrauen, um in Hingabe und Demut seine Aufgaben umzusetzen, ohne sich selbst dabei zu verlieren.

Der **Azurit** besitzt eine sehr kräftige Energie und ist deshalb für ungeübte Anwender nicht unbedingt empfehlenswert. Für Menschen, die mit dieser starken Kraft umgehen können, ist er ideal, um Tür und Tor zu den inneren Visionen und Träumen zu öffnen, um mit der Seele Kontakt aufzunehmen. Er fördert Bewusstheit und Selbsterkenntnis und ist hauptsächlich für die spirituelle Entwicklung wichtig. Auch die Verbindung **Azurit-Malachit** ist interessant, dieser Stein hilft ebenfalls, in höhere Sphären vorzudringen.

Affirmationen zur Zahl 7

- Ich bringe meine eigene Wahrheit ans Licht, handle bewusst und nach bestem Wissen.
- Ich bin mit der Quelle in mir verbunden, bin geborgen und weiß, dass in meinem Inneren die ganze Kraft liegt.
- Ich finde den Raum der Geborgenheit in mir und fühle mich sicher und beschützt.

Weitere ausgleichende und harmonisierende Edelsteine für die Zahl 7

Der **Serpentin** (**Silberauge**) hilft, sich abzugrenzen, schützt vor allem Negativem, er gleicht Stimmungsschwankungen aus, beruhigt bei Stress und lässt inneren Frieden finden. Er ist ein wichtiger Stein, wenn Verbissenheit und ständige Existenzängste belasten. Er lehrt, die Liebe zu leben.

Der **Prasem** oder **Budstein** lindert Aggressionen, Zorn und Wutausbrüche, schenkt Ausdauer, Gelassenheit, Ruhe und fördert Selbstbeherrschung und Selbstbestimmung.

Silberauge und *Prasem* sind hervorragend als Meditationssteine geeignet. Ideale Partner dazu sind *Falkenauge* und *Versteinertes Holz.*

Heilwirkung von Edelsteinen der Zahl 7 auf den Körper

Der **Amethystquarz** hilft bei Schlaflosigkeit, bei Kopfschmerzen und sämtlichen Hautproblemen sowie Furunkeln, Prellungen und Schwellungen, er reguliert die Bauchspeicheldrüse und die Darmflora.

Das **Falkenauge** stärkt Augen und Sehkraft, wirkt gegen Nervosität und Zittern und mildert hormonelle Überfunktionen.

Der **Ametrin** erleichtert die Genesung nach schweren Erkrankungen, regt die Gehirntätigkeit an und fördert den Zellstoffwechsel und reinigt das Gewebe.

Der **Orangecalcit** regt den Calciumstoffwechsel an, schenkt mehr Energie, fördert die Verdauung, erhöht niedrigen Blutdruck, stärkt Knochen und Gewebe.

Der **Prehnit** befreit von eingelagerten Giftstoffen im Fett und entschlackt den Körper, stärkt Leber, Blase und Nieren.

Der **Kunzit** wirkt hervorragend bei Ischiasproblemen, Neuralgien, Nervenleiden, er reguliert die Schilddrüsentätigkeit, unterstützt bei Rückenproblemen und physischen Herzbeschwerden.

Der **Azurit** stärkt das Immunsystem, hilft, Gallensteine aufzulösen, und verbessert das Reaktionsvermögen.

Der **Azurit-Malachit** unterstützt die Leber, wirkt entgiftend und krampflösend bei Frauenbeschwerden und dient der Auflösung von Geschwüren und Tumoren.

Der **Serpentin (Silberauge)** ist ein starker Schutzstein, dazu vertreibt er Parasiten, Insekten und Zecken, lindert Muskelkrämpfe und Migräne.

Der **Prasem** ist gut bei Prellungen, Schwellungen, Sonnenbrand und Hitzschlag, wirkt gegen Kurzsichtigkeit und grauen Star.

Die Zahl 8

Achte auf das Kleine in der Welt,
das macht das Leben reicher und zufriedener.
Carl Hilty (schweizer Laientheologe)

Die Symbolik der Zahl 8

Das Symbol der Zahl 8 ist die liegende Acht, die Lemniskate. Sie ist das Symbol der Unendlichkeit und Unbegrenztheit. Die 8 ist sozusagen die Schwelle zum Neubeginn auf höherer Ebene. Sie ist der Übergang vom Alten ins Neue, Bessere, Höhere. Die 8 ist die Zahl der Gerechtigkeit, des Ausgleichs und der Erfüllung. Sie ist eine unendliche Zahl, genau wie die 0, allerdings geht sie dabei über Kreuz. Mit ihr erleben wir das Wissen um die Bedeutung der Entwicklung auf allen Ebenen: körperlich, geistig und seelisch.

Sie ist eine karmische Zahl, hier arbeitet man Unbewusstes auf und macht sich bereit für die Transformation in der Zahl 9.

Der Hauptplanet der 8er ist **Saturn**, er regiert das Tierkreiszeichen Steinbock. Er symbolisiert, dass wir ernten, was wir gesät haben. Er verkörpert die Gerechtigkeit und die Dynamik von Ursache und Wirkung. Der Saturn fordert Klarheit, Form und Struktur, er steht für die Konzentration auf das Wesentliche. Er sorgt für Ordnung, indem er uns immer wieder auf den Boden der Tatsachen zurückholt und uns mit unseren Pflichten konfrontiert. Indem wir Verantwortung und Disziplin für unsere Selbstverwirklichung übernehmen, lernen wir dazu und können uns weiterentwickeln.

Der Stein der 8

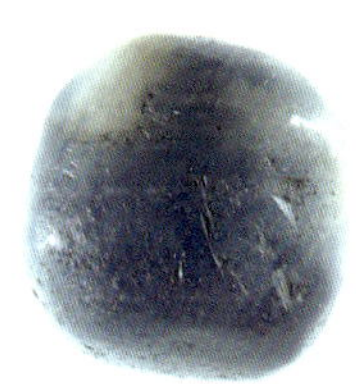

Der **Saphir** gilt als Stein des Saturns und als Stein des Glaubens und Seelenfriedens. Er ist ein mächtiger Schutzstein und hilft seinem Träger auf den spirituellen Pfad und zur eigenen Göttlichkeit. Er führt von der Oberflächlichkeit des Lebens fort und schützt vor einem »Zuviel-haben-Wollen«. Dieser Stein beseitigt Verwirrungen und Illusionen auf dem Schicksalsweg. Er fördert die Wahrheitsliebe und bringt uns mit Ruhe und Bedacht zu unserem Lebensziel.

Talente und Fähigkeiten der Zahl 8

Die 8 ist eine autoritäre und einflussreiche Persönlichkeit, denn sie strahlt Kraft, Macht, Führungspotential und Erfolg aus. In der Geschäftswelt mischt sie ganz oben mit und behält dabei gerne alles unter Kontrolle. Sie setzt für sich und andere hohe ethische Maßstäbe und verfolgt beachtliche Ziele, dafür gibt sie ihr Bestes, und das erwartet sie auch von ihren Mitmenschen. Sie ist für ihre Großzügigkeit bekannt, und gute Leistungen werden anerkannt und honoriert. Die 8 liebt das Geschäft, Geld und Gold. Um dies zu erreichen, braucht sie Mut, eine enorme Willenskraft, Energie und Konzentration. Sie ist praktisch, energisch, tüchtig und schnell. Die 8 zeigt große Selbstdisziplin, Entschlusskraft und hat ein Gespür für Investitionen, Spekulationen und finanzielle Angelegenheiten. Vorhaben und Ideen werden bei der 8 einfallsreich umgesetzt und verwirklicht. Neue Herausforderungen treiben sie voran, denn nur so können neue Erfahrungen gem»acht« werden. Die 8 ist eine interessante, faszinierende Persönlichkeit und ein wahrer Genussmensch. Sie genießt alles, was das Leben an Schönem zu bieten hat, sie liebt Statussymbole und möchte genug besitzen, um ein angenehmes Leben zu führen. Sie zeigt einen ausgeprägten Sinn für Kunst, Form, Farbe, Klang und Duft. Die 8 ist gefühlsbetont und versteht es, sich beliebt zu machen.

Stein für die Stärkung der Talente und Fähigkeiten

Der **schwarze Turmalin**, auch **Schörl** genannt, gilt als stärkster Schutzstein. Er bewahrt vor Habgier, Macht, Untreue oder sonstigen negativen Einflüssen. Er dringt bis in die tiefsten Blockaden vor, um sie freizusetzen. Dieser Stein versorgt uns mit Offenheit, Frische und Klarheit. Er schenkt Lebensfreude und Selbstvertrauen und stärkt die Fähigkeit, Ziele zu verwirklichen, die in Einklang mit dem göttlichen Plan stehen. Der schwarze Turmalin verleiht Disziplin und Durchhaltevermögen und unterstützt dabei, zu Fülle und Wohlstand zu kommen.

Die Schwächen der Zahl 8

Die 8 ist, wie die 4, eine karmische Zahl. Das Leben bringt viele Herausforderungen. Die 8 muss durch viele Höhen und Tiefen gehen, um zu erleben, was Harmonie ist. Sie gibt sich oft ungeduldig, unnahbar, abweisend und passt sich nicht gerne an. Sie kann eine rebellische, tyrannische und hartherzige Persönlichkeit sein. Sie genießt ihre Macht und weiß diese auch negativ einzusetzen. Der Weg zum Erfolg führt über harte Arbeit, die meist mit vielen Hindernissen und Enttäuschungen verbunden ist. Die 8 ist sehr stark mit sich selbst beschäftigt und wirkt deshalb nach außen verschlossen und unnahbar. Ungeduld und Grobheiten gegenüber Leuten, die ihr nicht wichtig erscheinen, sind keine Seltenheit. Gefühle lässt die 8 nur ungern zu. Sie ist selbstgerecht und kann Fehler schlecht eingestehen oder sich gar dafür entschuldigen. Sie möchte perfekt sein und auch so nach außen wirken. Sie ist rechthaberisch, sucht bei anderen den Fehler und will ihre eigenen Schwächen nicht wahrhaben. Aus den Spiegelungen der anderen kann die 8 wichtige Erkenntnisse ziehen.

Steine für den Ausgleich der Schwächen

Der **Rhodonit** wird auch als »Rescue-Stein« bezeichnet, er wirkt aufbauend und ist ein Stein des Verstehens und Verzeihens. Er hilft, Konflikte in Licht und Liebe zu lösen und bringt dadurch Versöhnung und Frieden. Der Rhodonit befreit von seelischen und emotionalen Wunden, löst Ängste und Panikgefühle. Er hilft, auch in extremen Situationen und bei starker Belastung klar und bewusst zu bleiben. Er wirkt sehr gut auf der körperlichen Ebene, um zu regenerieren und gesund zu werden. Der Rhodonit löst Schocks, Traumata und Verwirrungen auf. Er hilft bei Provokationen, Beleidigungen und Rachegefühlen, Ruhe zu bewahren und besonnen zu agieren.

Der **Magnesit** ist ein starker Entspannungsstein. Er wirkt beruhigend, hilft bei Angst, Gereiztheit und Nervosität, lehrt seinen Träger, sich selbst anzunehmen und zu lieben. Er vermittelt Gelassenheit, fördert Flexibilität und Nachgiebigkeit.

Die **Apachenträne,** oder **Rauchobsidian** genannt, hilft loszulassen. Er nimmt die Traurigkeit, löst Leid und Schuldgefühle, lindert Depressionen, Zukunftsängste und schenkt neuen Lebensmut. Der Mensch erfährt so Heilung und Erlösung und kann das Geschenk der Gnade annehmen.

Ziele der Zahl 8

Die 8 möchte mit Fairness und Leichtigkeit durchs Leben gehen. Wahrheit und Gerechtigkeit, Organisation und Geschäft sollten miteinander verbunden werden, da es wichtige Themen für sie sind.

Wenn die 8 veraltete Denk- und Verhaltensmuster, Schuldgefühle und Selbstverurteilungen hinter sich lässt, kann sie sich auf ihre geistige Entwicklung konzentrieren und lernen, sich selbst zu akzeptieren und zu lieben. Ihr Ziel ist, sich selbst und ihren Mitmenschen auf allen Ebenen zu verzeihen und zu vergeben, ihre Stärke positiv umzusetzen und ihre ureigenste Bestimmung zu leben. Vergebung ist eine Form der Konfliktbewältigung, diese sollte nicht über den Verstand und die Gedanken ablaufen, sondern sollte aus tiefstem Herzen, mit bedingungsloser Liebe und Demut erfolgen. Indem die 8 akzeptiert, dass alles, was ihr widerfährt, ein Teil der göttlichen Ordnung ist und ihrer Entwicklung dient, kann sie »Danke« sagen für positive wie auch negative Erlebnisse, die ihr widerfahren sind. »Das was man sät, erntet man.« Probleme im Leben sollten als Chance zum Lernen betrachtet werden. Überwindet die 8 ihre Bequemlichkeit, kann sie sich von ihrem Leid und ihrem Kummer befreien. Leichtigkeit und Harmonie werden dann ihre Begleiter sein. Die 8 sollte ihr Herz öffnen und bereit sein, sich selbst zu vertrauen, so kann sie auch anderen trauen. Kombiniert die 8 ihre Kräfte mit ihrer Spiritualität und setzt sie ihre Stärke dosiert und wohlüberlegt ein, kann sie ihre Ziele mit Ausdauer, Standfestigkeit und Begeisterung umsetzen und sich selbst treu bleiben.

Steine zur Unterstützung der Ziele der 8

Der **Fluorit** fördert die geistige Entwicklung und ist auch als »Stein der Genies« bekannt. Er hilft, unsere Gedanken zu strukturieren, Informationen zu verarbeiten und ist deshalb ein idealer Lern- und Konzentrationsstein. Er schärft das Unterscheidungsvermögen, öffnet das Herz, macht ein frohes Gemüt und bringt Ausgeglichenheit mit. Der **Regenbogenfluorit** hat eine unglaubliche Präsenz, bringt Körper, Geist und Seele in Einklang, schenkt Lebendigkeit und Glücksgefühle.

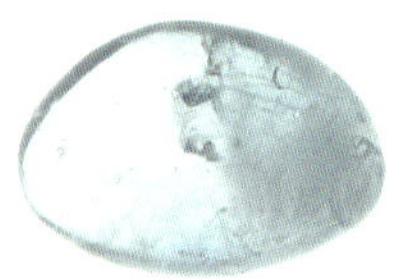

Der **Coelestin*** ist ein wunderbarer Stein für Optimismus und Zuversicht. Seine Kraft ähnelt der Energie des Diamanten und lässt empfinden, wie erfüllt und glücklich man eigentlich sein könnte. Er schenkt inneren Reichtum, macht klar und rein und zieht Energien an, die sich positiv auf den finanziellen Aspekt im Leben auswirken.

Affirmationen zur Zahl 8

- Ich liebe meine Arbeit und mein Leben, übernehme dafür die volle Verantwortung und verlasse mich auf meine Intuition.
- Ich finde den Ausgleich zwischen privatem Glück und beruflichem Erfolg.
- Ich verfüge über alles Geld, alle Zeit und alle Hilfe, die ich »jetzt« benötige, denn ich bin ein Magnet für materiellen Wohlstand und geistige Fülle.

* Den Coelestin gibt es hauptsächlich als Drusenstück. Man kann ihn gut in Räumen aufstellen, da er das Unterbewusstsein im Menschen anregt und so viele positive Impulse aussenden kann.

Weitere ausgleichende und harmonisierende Edelsteine für die Zahl 8

Der **Girasolquarz** hilft im tiefen Inneren der Seele aufzuräumen, er durchbricht energetische Mauern, steigert das Selbstbewusstsein, gibt tiefe Einblicke ins Leben und in die Vergangenheit. Mit dem Girasolquarz können wir uns mit der Kraft der Ahnen verbinden.

Der **Amazonit** hilft, sich von der Vorstellung zu lösen, Opfer des Schicksals zu sein, er gleicht extreme Stimmungsschwankungen aus, löst Trauer und Kummer auf. Dieser Stein ist besonders für Indigokinder gut.

Der **Apatit** bringt Lebendigkeit, Offenheit, schenkt Abwechslung im Leben, und hilft, Stress, Lustlosigkeit und Erschöpfung zu überwinden.

Heilwirkung von Edelsteinen der Zahl 8 auf den Körper

Der **Saphir** senkt Fieber und Blutdruck, ist gut bei Hautunreinheiten und Hauterkrankungen, hilfreich bei übermäßigem Schwitzen, Ischiasbeschwerden und bei Gemütsschwankungen.

Der **schwarze Turmalin (Schörl)** ist gut zur Stärkung des Geruchssinns und hilft bei Neurosen und jeglicher Art von Schmerzen und Energieblockaden.

Der **Rhodonit** ist der beste Wundheilstein bei inneren und äußeren Verletzungen, Magengeschwüren, selbst bei Multipler Sklerose und Autoimmunkrankheiten, ideal zur Narbenentstörung.

Der **Magnesit** unterstützt bei allen Problemen im Zahnbereich, bei Migräne, Koliken, Wadenkrämpfen, beugt Herzinfarkt und Arteriosklerose vor.

Der **Rauchobsidian (Apachenträne)** stärkt das Sehvermögen, löst punktuelle Schmerzen auf und bessert Verstauchungen und Rückenprobleme.

Der **Fluorit** beugt Geisteskrankheiten vor, verbindet die Gehirnhälften, mildert Asthma und Allergien, regeneriert Zähne, Knochen, Haare und Nägel.

Der **Coelestin** unterstützt die Rekonvaleszenz, löst Verhärtungen im Gewebe und Knochen auf und ist eine sehr gute Hilfe bei Muskelverspannungen.

Der **Girasolquarz** ist gut bei trockener Haut und trockenen Augen, er regt den Lymphfluss an.

Der **Amazonit** wirkt krampflösend, harmonisiert Hypophyse und Thymusdrüse und reguliert Stoffwechselstörungen.

Der **Apatit** ist der Knochenstein und hilft bei Knochen-, Knorpel- und Zahnbildung, bei Gelenkbeschwerden, Arthrose und Rachitis.

Die Zahl 9

Liebe ist die stärkste Macht der Welt,
und doch ist sie die demütigste,
die man sich vorstellen kann.
Mahatma Gandhi (indischer Freiheitskämpfer)

Die Symbolik der Zahl 9

In der Zahl 9 finden sich alle Energien der anderen Zahlen wieder. Das Zeichen der 9 ist die Spirale. Diese gilt als eines der ältesten Sinnbilder überhaupt. Die Spirale ist ein Symbol für die Einheit von Körper, Geist und Seele. Die Zahl 9 ist eine heilige Zahl, sie steht für die Transformation. Als letzte Zahl symbolisiert sie den Übergang in eine neue Ebene, einen höheren Bereich, zu einem höheren Bewusstsein. Sie ist die Zahl der Initiation, also des Aufstiegs in einen höheren Seinszustand. Sie bleibt sich selbst treu und immer erhalten. Somit bekommt die 9 eine Beziehung zum göttlichen Urgrund, der war, der ist und der sein wird, ganz gleich, welche Formen er annimmt.

Der Hauptplanet der Zahl 9 ist der **Mars**. Er regiert das Tierkreiszeichen Widder und unterstützt dabei, unsere Ziele zu erreichen, für unsere Überzeugungen einzustehen und Wünsche und Ansprüche in der Außenwelt zu befriedigen. Der Mars ist bestimmt und entschlossen und voller Energie, Mut und Antrieb und zeigt, wie man sich als eigenständige Persönlichkeit in der Welt behauptet.

Auch der Planet **Pluto** spielt bei der Zahl 9 eine wichtige Rolle. Hier begegnen uns tiefgreifende Wandlungsprozesse mit dem Ziel, über sich selbst hinauszuwachsen, um sich mit dem größeren Ganzen zu vereinen.

Der Stein der 9

Den **Jaspis*** gibt es in verschiedenen Arten. Er wird häufig als »Mutter aller Steine« bezeichnet. So unterstützt die Jaspis-Familie die Erdung des Menschen, bringt Mut, Kraft und Vitalität und erneuert Geist, Herz und Verstand. Der Jaspis reinigt Gedanken und Gefühle und lindert Nervosität, Unruhe, Unbesonnenheit und Ziellosigkeit. Außerdem vermittelt er Weisheit, schenkt eine reinigende, schützende Lebensenergie, lehrt Uneigennützigkeit, Bescheidenheit und Geduld und stärkt den Willen zum Guten.

* Es gibt verschiedene Arten von Jaspis. Am bekanntesten sind der rote, der gelbe und der grüne Jaspis sowie der Landschafts- und Leopardenfelljaspis.

Talente und Fähigkeiten der Zahl 9

Die 9 ist die Zahl des Mitgefühls, der allumfassenden Liebe, der Liebe zur ganzen Schöpfung und zu allen Menschen. Die 9 weiß, dass die höchste Form der Liebe bedingungsloses Geben und selbstverständliches Tun ist.

In der 9 sind alle Zahlen enthalten, und deshalb ist sie vielfältiger als alle anderen Zahlen. Sie bringt große Verantwortung und ungeahnte Möglichkeiten. Die 9 hat einen starken Charakter und eine große Selbstsicherheit. Sie gilt als kraftvoll, mutig, gerecht und großzügig. Sie ist fleißig und auf fast allen Gebieten sehr begabt und erfinderisch. Die 9 akzeptiert Neuanfänge sowie Veränderungen, und ihre Intuition lässt sie spontan die richtige Wahl oder Entscheidung treffen. Die 9 kann logisch denken und sich sehr gut in Sprache, Schrift und Gesten ausdrücken. Sie ist ein guter, aber auch schlagfertiger Zuhörer. Es besteht eine künstlerische Begabung, und sie hat ein natürliches Interesse an Philosophie und Spiritualität. Die 9 ist ein ausgezeichneter Menschenkenner und wahrer Menschenfreund. Sie ist sehr sensibel, charismatisch, weitsichtig, großmütig, optimistisch und weise. Mut, Tapferkeit, Entschlossenheit, aber auch Hilfsbereitschaft lassen die 9 zu großen Beschützern werden. Freundschaften, Beziehungen und Ehe sind nicht selten mit ehrgeizigen beruflichen Interessen verbunden. Lebt die 9 ihre Spiritualität, ist sie meist selbstlos, hilfsbereit, barmherzig, liebevoll und wohltätig. Sie ist energiegeladen, eigenständig und strebt danach, Großes zu tun und zu leisten. Ihre ganze Kraft widmet sie dann dem Fortschritt der Menschheit.

Steine für die Stärkung der Talente und Fähigkeiten

Der **weiße Labradorit** (Regenbogen-Mondstein)* hilft, das innere Gleichgewicht zu finden. Er stärkt das Einfühlungsvermögen und weckt die Intuition. Dieser Stein zeigt, dass das Leben ein Spiel sein kann, und sorgt deshalb für Lebensfreude, Offenheit und geistige Weite. Er bringt auch Ruhe und

* Den weißen Labradorit gibt es hauptsächlich als Schmuckstein, mitunter auch als Trommelstein.

Entspannung und zieht gewisse Zufälle an, um das Leben lebenswerter zu machen.

Der **Charoit** ist ein besonderer Heilstein in Zeiten der Wandlung. Er schenkt viel Kraft, Mut und Ausdauer und hilft, wichtige Entscheidungen zu treffen. Das Selbstbewusstsein und die Selbsteinschätzung werden unterstützt und das Aurasystem wird gestärkt. Mit seiner Energie kann sein Träger Berge von Arbeit bewältigen.

Die Schwächen der Zahl 9

Die 9 ist bisweilen verschwenderisch, geld- und machthungrig. Auch Eigennutz, Gereiztheit, Intoleranz, Engstirnigkeit und Impulsivität werden ihr zugeordnet. In ihrer Kindheit oder Jugend hat die 9 oft mit den verschiedensten Problemen, hauptsächlich in der Familie, zu kämpfen. Sie reagiert deshalb emotional, empfindlich und launisch auf äußere Einflüsse, deshalb investiert sie viel Energie, um Konflikte zu vermeiden. Es besteht eine Neigung zu Jähzorn, Leichtsinn und Taktlosigkeit.

Die 9 hungert nach Wissen und Fähigkeiten, will oft mehr als möglich ist und fühlt sich deshalb meist überfordert. Am liebsten möchte sie alles auf einmal tun, und ihre vielen Ideen sollten schon »vorgestern« verwirklicht sein. Ihr fällt es sehr schwer, Entscheidungen zu treffen, denn sie legt sich nur ungern fest, ist zögerlich und ungeduldig. 9er können egozentrische Träumer sein, die von Mitleid und Selbstmitleid geprägt sind, Bindungsängste haben und sich dazu noch verwöhnen lassen wollen. Bei der 9 sollten Dinge zum Abschluss gebracht werden, bevor Neues begonnen wird, sei es im privaten wie auch im beruflichen Bereich. Die Erfolge kommen im Erwachsenenalter, wenn Selbstzweifel abgelegt und Selbstbeherrschung erlernt wurden.

Steine für den Ausgleich der Schwächen

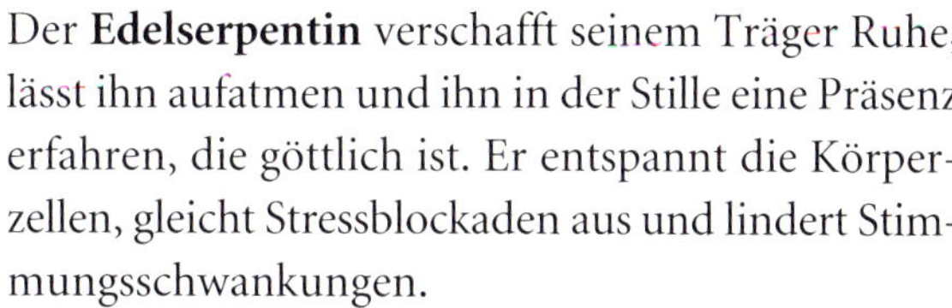

Der **Edelserpentin** verschafft seinem Träger Ruhe, lässt ihn aufatmen und ihn in der Stille eine Präsenz erfahren, die göttlich ist. Er entspannt die Körperzellen, gleicht Stressblockaden aus und lindert Stimmungsschwankungen.

Der **Kunzit** wirkt bei emotional begründeten psychischen Leiden sehr gut. Er hilft, innere Widerstände zu überwinden, stärkt bei großer Belastung die Nerven und unterstützt bei Beziehungsproblemen. Er macht frei, aufgeschlossen und beschwingt.

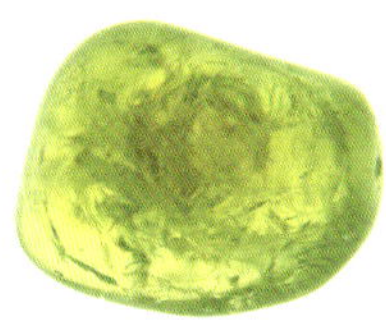

Der **Peridot** wirkt stark auf das Gemüt seines Trägers. Er löst Fremdbestimmungen und Belastungen auf, mindert Selbstvorwürfe und Schuldgefühle, hilft, sich Fehler einzugestehen und zu verzeihen. Er macht kontaktfreudig, tolerant, hilft Altes zu beenden und macht offen für einen Neuanfang.

Ziele der Zahl 9

Die 9 lebt die bedingungslose Liebe zur Menschheit und zur ganzen Schöpfung. Ihr Ziel ist es, den eigenen individuellen Weg mit Toleranz in die Meisterschaft zu gehen und den Wandel von der Ego-Persönlichkeit zur Meister-Persönlichkeit zu vollziehen.

Selbstlosigkeit und Mitgefühl sind die Themen der Zahl 9. Durch Herausforderungen und Veränderungen sammelt sie viele Erfahrungen und kann dadurch ihr erreichtes Wissen mit anderen teilen. Sie sollte ihrer Intuition folgen, ihre Ideale umsetzen und ihre mediale Begabung zum Wohle aller einsetzen. Das wahre Glück liegt für die 9 im Dienst am Nächsten. Wenn ihr großes Herz offen ist, darf sie alle mit ihrer Liebe einhüllen. Äußeres befriedigt die 9 dann nicht mehr, sie möchte zu ihrem Inneren finden, will verstehen, warum alles so ist, wie es ist, und will »erkennen«, um dann alles loszulassen und im »Hier und Jetzt« zu leben.

Steine zur Unterstützung der Ziele der 9

Der **Rauchquarz** bringt höchste Lichtkraft auf die irdische Ebene und hilft, wenn wir nach geistiger Verwirklichung streben, materielle Verhaftungen abzustreifen. Dieser Stein lockert verfestigte geistige Strukturen und wirkt hervorragend gegen Stress, Spannungen und depressive Verstimmungen. Er wird gerne bei Traumata und schwerwiegenden Schicksalsschlägen eingesetzt und hilft Menschen, die gewisse Gesetzmäßigkeiten des Lebens schlecht akzeptieren können und deshalb zur Weltflucht neigen. Er ist ein ausgezeichneter Stein gegen jede Art von Süchten, besonders unterstützt er die »Rauch«er.

Der **Orthoklas** hilft im Übergang in ein neues Bewusstsein. Der Mensch wird »wachgerüttelt«, um sich auf die innere Wandlung vorzubereiten, um Versagensängste und Selbstbezogenheit loszulassen.

Affirmationen zur Zahl 9

- Ich öffne mich für das Neue, das Höhere und vertraue auf meine Träume und Visionen.
- Ich lasse mich von meinem Herzen leiten, folge meiner Intuition und nutze meine medialen Begabungen zum Wohle aller.
- Ich lebe in der Gegenwart, bin zentriert, sorge gut für mich und gestalte meinen Weg nach meinem Lebensziel.

Weitere ausgleichende und harmonisierende Edelsteine für die Zahl 9

Der **Honigcalcit** aktiviert die Selbstheilungskräfte, er gibt viel Wärme ab, hilft, das Leben positiv anzunehmen wie auch Arbeitsabläufe und Lebensumstände zu optimieren.

Der **Lepidolith** hilft dabei, Entwicklungen ruhig und unauffällig zu durchlaufen. Er schützt vor äußerer Beeinflussung, mindert Stress,

Ängste und Niedergeschlagenheit. Er ermöglicht es, sich auf das Wesentliche zu konzentrieren und sichere Entscheidungen zu treffen.

Die Zahl 9 zeigt uns, dass wir dann heil und ganz sind, wenn wir Himmel und Erde in uns vereinigt haben. Sie lässt uns erkennen, dass es keine unvereinbaren Gegensätze gibt, sondern dass diese sich gegenseitig durchdringen und bereichern.

Heilwirkung von Edelsteinen der Zahl 9 auf den Körper

Der **rote Jaspis** regt den Kreislauf und den Stoffwechsel an, ist einsetzbar bei allen Arten von Entzündungen, auch im HNO-Bereich, bei Rheuma und Herzproblemen. Er unterstützt das gesamte Knochengerüst sowie die Gelenke und verbessert den Geschmacks- und Geruchssinn.

Der **weiße Labradorit** reguliert den weiblichen Hormonzyklus und verbessert das Körpergefühl.

Der **Charoit** ist ein starker Schmerzstein, stärkt das Immunsystem und beruhigt die Nerven.

Der **Edelserpentin** ist hilfreich bei Asthma sowie Nierenproblemen, gut zur Entgiftung und bei Sodbrennen.

Der **Kunzit** stärkt die Organfunktion des Herzens, reguliert die Schilddrüsentätigkeit und hilft bei Neuralgien und Zahnschmerzen.

Der **Peridot** stärkt Leber und Galle, entgiftet, harmonisiert den Stoffwechsel und ist gut gegen Warzen, Diabetes und Bindegewebsschwäche.

Der **Rauchquarz** wirkt entspannend und schmerzlindernd (Rücken), hilft bei Strahlenbelastungen, festigt Bindegewebe und Muskulatur.

Der **Orthoklas** verbessert im Alter die Sehfähigkeit, hilft bei Herzbeschwerden und harmonisiert die Hormonproduktion.

Der **Honigcalcit** bringt Jugendlichkeit zurück, stärkt Knochen, Zähne und Bindegewebe.

Der **Lepidolith** hilft bei Ischiasbeschwerden und Neuralgien, lindert Juckreiz und Schuppenflechte und fördert guten Schlaf.

Die Zahl 0

Große Veränderungen in unserem Leben
können eine zweite Chance sein.
Harrison Ford (amerikanischer Schauspieler)

Der amerikanische Mathematiker Robert Kaplan sagte: »Betrachtet man die Null, sieht man nichts. Blickt man durch sie hindurch, so sieht man die Welt.«

Sie werden in der Namensanalyse niemals eine 0 sein. Dennoch hat die 0 eine starke Bedeutung. Deshalb haben wir diese Zahl hier aufgenommen, damit Sie auch den Hintergrund der 0 kennenlernen können. Es ist wichtig, wo die 0 steht, als 01, 10, 100… Sie bedeutet Wandlung und bereitet auf Höheres vor. Die 0 hilft, auf die nächste, auf eine höhere Ebene zu kommen, die 1 wird so zur 10. Die 0 lehrt uns, nach vorne zu schauen und die Zweifel unseres Lebens abzulegen.

In Ihrer Berechnung kommt eine 0 zustande, wenn Ihre Namenszahl oder Ihr Geburtsdatum eine 19, 28, 37 oder 46 aufweist, zählt man diese einzelnen Zahlen zusammen, ergeben sie die Summe »10«.

Auch wenn Sie im 10. Monat geboren sind oder Ihr Geburtstag der 10., 20. oder 30. ist, weist die 0 auf neue Möglichkeiten hin. Ebenso ist die Jahreszahl von Bedeutung, wie z. B. 1990, 2010, 2020…

Der Schlüssel der 0 heißt Vertrauen, dann kann Auflösung und Befreiung zum Wohle aller geschehen. Die 0 verbindet die Archetypen zu einem Ganzen.

Die Symbolik der Zahl 0

Auch wenn die Zahl 0 noch relativ jung ist, erst etwa 1000 Jahre alt, gehört ihr Zeichen, der Kreis, zu den ältesten Symbolen der Menschheit. Er ist das Sinnbild des Vollkommenen und symbolisiert das weibliche Prinzip, das Runde der Erde, die Einheit, Ganzheit und Harmonie. Ein weiteres Symbol für die Zahl 0 ist die Ellipse. Sie schenkt Geborgenheit und Schutz – wie die Aura, die den Körper wie eine Hülle umgibt. Sie ist die Urform aller planetaren Frequenzen.

Ein wichtiger Planet der Zahl 0 ist der transformierte **Pluto.** Er regiert das Tierkreiszeichen Skorpion. Pluto ist die höhere Oktave des Planeten Mars. Der transformierte Pluto symbolisiert die magische Seite der Persönlichkeit. Sie ist sich dann ihrer Imaginationskraft bewusst, kennt die energetischen Grundlagen des Lebens und hat ein Bewusstsein der eigenen Mächtigkeit und Schöpferkraft.

Zu der Energie der Zahl 0 zählt auch die Kraft des Planeten **Uranus**. Hat man den Uranus in sich erlöst, bringt er meisterschaftliche Energien zum Ausdruck. Selbstbestimmung, Selbstverantwortung und gemeinschaftliche Ideale werden gelebt, Sicherheitsdenken, veraltete Denk- und Verhaltensmuster und einengende Strukturen werden aufgelöst. Die starke positive Kraft der Zahl 0 darf dann zum Einsatz kommen.

Stellen wir eine Zahl vor die »0«, dann wird die Bedeutung verzehnfacht, verhundertfacht usw. Jede Zahl kann so bis ins Unendliche potenziert werden. Die 0 ist der absolute Ausdruck der unbegrenzten schöpferischen Potenz Gottes.

Der Stein der 0

Der **Sugilith** ist etwas ganz Besonderes. In ihm verbindet sich das Himmlische und das Irdische. Er wird als »New Age Stone« bezeichnet, da er das Bewusstsein steigert und die Psyche stabilisiert. Der Sugilith lehrt, für Veränderungen offen zu werden, und unterstützt deshalb bei jeder Form von Angst und schwierigen Lebenssituationen. Er schenkt Weisheit, Klarheit und eine Menge Energie.

Talente und Fähigkeiten der Zahl 0

Die 0 ist die Zahl der Wandlung und des Neubeginns. Mit ihr tritt man in Verbindung, um seine Seele mit der Göttlichkeit zu vereinen. Die 0 steht für die Kraft und die Energie, die noch nicht da ist, aber entstehen darf. Sie schließt den Zahlenkreis und verbindet die 9 Zahlenkräfte zu einem Ganzen und bringt den Menschen in einen neuen Zehnerzyklus.

Das Leben der 0 hält viele Herausforderungen, stetige Veränderungen und Wandlungen bereit. Äußeren Widrigkeiten zum Trotz kann die 0 die eigene Individualität zum Ausdruck bringen. Sie ist ein Wanderer zwischen den Welten und stets zur rechten Zeit am rechten Ort. Die 0 blickt nach vorne, in die Zukunft und ist anderen dadurch oftmals einen Schritt voraus. Dennoch vergisst sie das Leben in der Gegenwart nicht.

Ihre besonders stark ausgeprägte Intuition lässt sie viele Neuerungen wagen.

Die 0 strebt nach Weisheit und zeigt deshalb Möglichkeiten für großes geistiges Wachstum. Sie hat ein gutes Gedächtnis, eine große Vorstellungskraft und lässt in größeren Zusammenhängen und Dimensionen denken. Die 0 wirkt feinfühlig, vermittelnd und vereinigend. Sie ist fürsorglich, zuverlässig, flexibel und glaubt an das Gute im Menschen. Die 0 fühlt sich als Teil des Ganzen, für sie sind alle Menschen gleich. Deshalb kann sie freundlich, offen, hilfsbereit und ohne Hintergedanken auf andere zugehen. Sie legt ihr Augenmerk dabei auf Offenheit, Wertfreiheit, Fairness und Objektivität.

Steine für die Stärkung der Talente und Fähigkeiten

Der **Wassermelonenturmalin*** ist einer der vielfältigsten Steine des Mineralienreichs. Er leitet und lenkt die Energie, körperlich wie geistig, und verbindet so alle Wesensglieder: Lebenserfahrungen, Standpunkte und Betrachtungsweisen werden in einen sinnvollen Zusammenhang gebracht. Er erhöht außerdem die körpereigene Schwingung, steigert die geistige Aktivität, bringt Offenheit und Toleranz. Jeder Tag ist ein Neuanfang und hält etwas Besonderes für die Seele bereit; er zeigt die Vielfalt der Möglichkeiten.

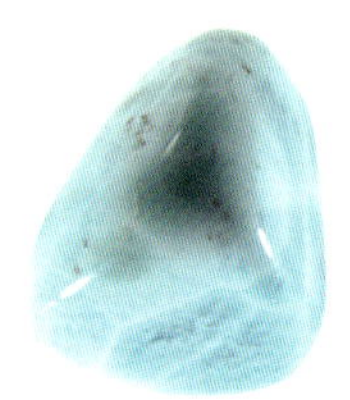

Der **Larimar** ist ein Glücksbringerstein mit beschützender Wirkung. Er geht auf das Bewusstsein des Menschen ein und ist ein hervorragender Stein bei Licht- und Heilungsarbeit. Er erinnert den Menschen an sein »Höheres Selbst« und schenkt, was wir uns sehnlichst wünschen, wenn es im Einklang mit unserem Seelenplan steht. Er bringt innere Ruhe, zeigt kreative Lösungswege, belohnt Ehrlichkeit, stärkt die Selbstdisziplin, erhöht die Sensibilität und hilft dem Geist, es geschehen zu lassen und nicht zu manipulieren.

* Den Wassermelonenturmalin gibt es meist als Schmuckanhänger.

Die Schwächen der Zahl 0

Die 0 kommt ohne Umschweife zur Sache und fällt damit oft »mit der Tür ins Haus«. Sie nimmt ungern Befehle entgegen. Versucht man, sie von etwas zu überzeugen, macht die 0 mit Sicherheit genau das Gegenteil. Sie ist extrem dickköpfig, selbstsüchtig, anhänglich, unruhig und neigt zu Überempfindlichkeit. Übertreibt sie es mit ihrer Exzentrik und ihrem Starrsinn, riskiert sie es, wie ein Rebell zu wirken, obwohl sie eigentlich gar keiner sein möchte. Mitunter hat sie Todessehnsucht, riskiert ihr Leben, wenn sie mit riskanten Herausforderungen ihre Grenzen überschreitet. In ihren Gedanken herrscht oft ein heilloses Durcheinander. Sie opfert sich für andere auf, weil sie Anerkennung sucht oder Angst vor emotionaler Bestrafung hat.

Steine für den Ausgleich der Schwächen

Der **Stromatolith** macht das Leben lebenswert. Er sorgt im Wechsel für Ruhe und Aktivität, für Abwechslung und Erholung, macht kompromissbereit und anpassungsfähig, damit man sich vom Leben tragen lassen kann. Dazu ist er ein idealer Meditationsstein, der hilft, die Erfahrungen des Lebens zu verarbeiten.

Der **Blauquarz** wirkt sanft auf seinen Träger ein und bringt schnelle Hilfe, um die Gedankengänge zu entspannen. Er vermittelt Ruhe und Geduld, fördert das Einfühlungsvermögen, ist gut bei Selbsthass und Unzufriedenheit, reinigt Geist und Gemüt, stabilisiert und schenkt neue Energie.

Der **Aragonit** beruhigt bei Überempfindlichkeit, innerer Unruhe, Voreiligkeit und Sprunghaftigkeit. Er stabilisiert eine zu schnelle geistige Entwicklung und ist gut, um in Stresssituationen die Ruhe zu bewahren. Dieser Stein fördert die Konzentration und ist deshalb auch ein guter Helfer, um in die Stille zu gehen.

Die **Pyritsonne*** ist ein Lichtbringer und wirkt stimulierend auf alle Chakren. Sie stabilisiert Seele und Körper und bringt viel Veränderung ins Leben. Sie ist bei Todessehnsucht oder Selbsthass besonders hilfreich, da sie in jede Zelle die Information der Liebe speichert.

Ziele der Zahl 0

Die 0 möchte die Menschheit als Gemeinschaft begreifen und zusammenführen. Ihr Ziel ist es, meisterliche Vollkommenheit in der eigenen Individualität zu finden, um ihre Mitmenschen auf eine neue Welt vorzubereiten und sie dort hinzuführen. Neue Wege und Möglichkeiten werden sich zeigen. Stellt die 0 sich ihren Herausforderungen, kann sie realistische Lösungen für ihre Probleme finden. Ihre Fähigkeit, wenn nötig auch im Alleingang durchs Leben zu gehen, ermutigt die 0, neue, auch ungewöhnliche Projekte durchzuziehen, und sie wird dabei von einem guten Gedächtnis und einer starken Vorstellungskraft unterstützt. Sie kann gut mit Menschen umgehen, ist ein geselliger Begleiter und gewandter Redner. Ihr großes Thema ist: »Handeln zum Wohle aller und keinem zum Schaden.«

Steine zur Unterstützung der Ziele der 0

Die **Achate**** sind Glücksbringer für die neue Zeit. Sie führen zu innerer Stabilität und geistiger Reife, bringen Mut und Ausdauer, schenken Schutz und Geborgenheit.

* Die Pyritsonne gibt es nur in der Sonnen-Form oder in kleineren Bruchstücken davon.

** Die Achatfamilie ist sehr vielseitig und besonders signaturreich. Am bekanntesten sind Botswana-Achat, Lace-Achat, Feuer- und Wasserachat, Schlangen-, Friedens- und Dendritenachat.

Erwähnenswert ist bei der Zahl 0 besonders der **Friedensachat**. Er hilft, den Frieden auf Erden zu manifestieren. Mit seinem weißen Licht befreit er von Gewalt und Aggressionen. Er fördert Reinheit, Einsicht und Geduld und unterstützt die bewusste Verarbeitung der Erfahrungen. Achate, die im Kern Bergkristall enthalten, fördern die Erinnerungsfähigkeit bis hin zu vorgeburtlicher bzw. nachtodlicher Erinnerung.

Affirmationen zur Zahl 0

- Alle Möglichkeiten und neue Wege öffnen sich mir. Freude, Kraft und Mut begleiten mich.
- Meine Intuition und Wahrnehmung sind stark, ich verfüge über unbegrenzte Möglichkeiten und vertraue meiner universellen Führung.
- Ich bin mit meiner vollkommenen Präsenz im Hier und Jetzt und setze meine Fähigkeiten zum Wohle aller ein.

Weitere ausgleichende und harmonisierende Edelsteine für die Zahl 0

Der **braun-beige Capuccinojaspis** zentriert, bringt Ruhe, Ausdauer und Erdung. Er ist ideal für zarte Menschen, denn er gibt Stärke, Ausdruckskraft und Engagement, er bringt Reife und Standfestigkeit.

Der **Vesuvian** hilft, alle Persönlichkeitsanteile zu integrieren, macht frei von Abhängigkeiten und negativen Gewohnheiten. Er führt aus unserer Scheinwelt heraus, macht stark und konsequent.

Der **Chrysopal** öffnet für neue Eindrücke, fördert das Gemeinschaftserleben, bringt Begeisterung und schürt kindliche Neugier. Wenn nötig, hilft er, sich alle Last der Welt von der Seele zu weinen und dann die Wunder des Lebens zu sehen.

Heilwirkung der Edelsteine der Zahl 0 auf den Körper

Der **Sugilith** wird angewandt in der Krebstherapie und bei psychischen Problemen. Er wirkt stark auf körperliche Krankheiten, da er Schmerzen lindert.

Der **Wassermelonenturmalin** fördert die Regeneration der Nerven, ist gut bei Multipler Sklerose und unterstützt bei der Fortpflanzung.

Der **Larimar** löst Geburtstraumata und unterstützt das Wachstum der Kinder, stärkt Knochen und wirkt positiv auf die Atemwege.

Der **Stromatolith** ist gut bei Darmbeschwerden und für den Stoffwechsel, begünstigt die Beweglichkeit.

Der **Blauquarz** beruhigt die Nerven, lindert Schmerzen bei chronischen Verspannungen im Rücken.

Der **Aragonit** regeneriert die Bandscheibe und hilft bei Meniskus- und Gelenkbeschwerden.

Die **Pyritsonne** wirkt bei jeder Art von Schmerzen, Ischias, Rheuma, bei Knie- und Rückenbeschwerden und unterstützt bei Diabetes.

Der **Achat** ist gut in der Schwangerschaft für Mutter und Kind, sowie bei Haut- und Gebärmuttererkrankungen und reduziert Entzündungen im Bauchbereich.

Der braun-beige **Cappuccinojaspis** ist gut für Magen und Dickdarm.

Der **Vesuvian** entschlackt und entsäuert den Körper.

Der **Chrysopal** entgiftet und stärkt die Nieren und das Immunsystem, hilft bei Wassereinlagerungen.

Meditation mit Zahlen und Edelsteinen

Die errechneten **Zahlen** zeigen, mit welchen Stärken und Schwächen sich die Persönlichkeit in diesem Leben ausdrücken möchte.

Die Schwingungen der **Steine** können das geistige Wachstum stimulieren und die Entfaltung fördern. Überlegen Sie: Welche errechnete Zahl, welches Thema ist Ihnen im Moment besonders wichtig? – Suchen Sie sich einen entsprechenden Stein aus.

Finden Sie einen ruhigen Platz in Ihrer Wohnung oder auch in der Natur. Kommen Sie in einen meditativen Zustand, reinigen Sie sich von belastenden Emotionen, atmen Sie ruhig und achten Sie darauf, wie Ihre Muskeln sich entspannen.

Legen Sie sich einen Stein Ihrer Wahl auf den Solarplexus, visualisieren Sie Ihre Lieblingszahl oder Ihren Zahlencode und stellen Sie sich vor, wie diese Zahl/en tausendfach mit silbernem, göttlichem Licht Ihre Aura berührt, Sie diese heilsame Licht- und Zahlenschwingung einatmen und diese in jede Zelle Ihres Körpers dringt.

Genießen Sie diese Augenblicke, spüren Sie, wie Sie mit Freude, Liebe und Frieden erfüllt werden.

Ihr Stein ist jetzt ebenso von dieser positiven Energie gesättigt und begleitet Sie über den ganzen Tag.

Möchten Sie mit mehreren Steinen arbeiten empfehle ich Ihnen:

Im Steinkreis ruhen

Nehmen Sie dazu aus Ihrer Namens-, Schicksals- und Lebenszielzahl je drei Steine Ihrer Wahl. Sie haben nun insgesamt neun Kraftsteine ausgewählt.

- Finden Sie einen ruhigen Platz in Ihrer Wohnung oder auch in der Natur.

- Legen Sie die ausgesuchten Edelsteine (nach Ihrer Zahlenberechnung) im Kreis aus. Nur den Hauptstein, Ihren wichtigsten Stein, halten Sie am besten in Ihrer linken Hand oder geben ihn auf Ihr Herz-Chakra.
- Setzen oder legen Sie sich nun bequem in das Zentrum des Kreises.
- Da Steine »strahlen«, spüren Sie nach, ob Sie sich beim Aufenthalt im Steinkreis wohlfühlen oder ob Sie Beklemmungsgefühle bekommen. Evtl. müssen Sie dann den Kreis um sich etwas vergrößern. Nun nehmen Sie in entspannter und ruhiger Lage Kontakt mit »Ihrem« Edelstein auf.
- Verbinden Sie sich mit Mutter Erde und aktivieren Sie Ihr Energiesystem mit den sieben Chakren, um die hohen Ebenen des Lichts wahrzunehmen. Ihr Kronenchakra ist geöffnet, und Sie sind in Ihrem Herzen zentriert.
- Lassen Sie alte Glaubenssätze und festgefahrene Einstellungen los. Atmen Sie ruhig ein und aus. Ihr Körper ist ganz entspannt; erfassen Sie nur den Augenblick.
- Nehmen Sie die Schwingung des ausgesuchten Steins in sich auf, visualisieren Sie in diesem meditativen Zustand Ihren Heilzahlen-Code aus NZ, SZ und LZ, sprechen Sie ihn immer wieder leise vor sich hin und lassen Sie dazu die Einstrahlungskraft der umliegenden Steine auf sich wirken
- Sie können statt des Codes auch eine zu Ihrer Zahl passenden Affirmationen, z. B.: »Ich bringe mein göttliches Licht vollkommen zum Ausdruck«, immer wieder aufsagen.
- Achten Sie auf Ihre Gefühle, Gedanken und Emotionen.
- Lassen Sie sich Zeit. Genießen Sie die Stille und nehmen Sie die neue, sonnige Schwingung in Ihren Körper, Ihre Seele und Ihren Geist auf.
- Bleiben Sie so lange in Ihrem Steinkreis, bis Sie den deutlichen Impuls bekommen, die Meditation zu beenden. Bewegen Sie dann sacht Ihre Beine, Ihre Arme, Ihren Kopf und kommen Sie wieder langsam ins »Hier und Jetzt« zurück.
- Wie fühlen Sie sich? Spüren Sie die positiven Energien, welche die Edelsteine an Sie abgegeben haben, und wie Sie nun voller Tatkraft und zugleich vollkommen entspannt Ihren Alltag bewältigen können?

- Achten Sie in der darauffolgenden Zeit auf Ihre Gedanken und Ihre Ideen, beobachten Sie Menschen, die Ihnen begegnen, welche Gespräche entstehen oder welche Situationen sich ergeben.

Sie haben noch eine weitere Möglichkeit, sich von Steinen unterstützen zu lassen:

Malen Sie einen Kreis auf ein Blatt Papier. Schreiben Sie in die Mitte Ihren (neu errechneten) Namen und Ihr Geburtsdatum. Legen Sie Ihren wichtigsten Stein, z. B. von Ihrer Schicksalszahl, in die Mitte, die anderen acht Steine bilden den Kreis. Lassen Sie so Ihr Steine-Zahlen-Bild an einem ruhigen Platz zu Hause wirken.

Es gibt für Sie sicherlich Edelsteine, die Ihnen vertraut und bekannt sind, bei anderen empfinden Sie es als Herausforderung, diese Steine für sich zu aktivieren.

Verlassen Sie sich auf Ihre Intuition, folgen Sie Ihrem Bauchgefühl, welche Steine Sie »wann« brauchen. Ihre zugeordneten oder intuitiv ausgewählten Steine können Ihnen Ihre Fähigkeiten, aber auch Ihre Grenzen bewusstmachen.

Sicherlich entdecken Sie auch Eigenschaften, die Ihnen bisher unbekannt waren, aber auch, welche Möglichkeiten Sie haben, Ihre Persönlichkeitsanteile noch besser zum Ausdruck zu bringen.

Arbeiten Sie mit qualitativ guten Steinen. Etwas größere Kristalle wirken intensiver als kleinere. Nehmen Sie jenen Stein, der Sie innerlich berührt oder wo der Impuls kommt: »Ich bin der richtige.«

Nur wenn der Geist vollkommen frei ist,
nur dann besteht die Möglichkeit unermesslicher, tiefer Stille;
und in dieser Stille entfaltet sich das, was ewig ist.
Das ist Meditation.

KRISHNAMURTI (INDISCHER SCHRIFTSTELLER UND LEHRER)

Zuordnung Zahlen und Steine

Achate 0
Amazonit 8
Amethystquarz 3
Amethystquarz 7
Ametrin 3
Ametrin 7
Andenopal 4
Apatit 8
Aquamarin 4
Aragonit 0
Aragonit 5
Aventurinquarz 2
Aventurinquarz 6
Azurit 4
Azurit 7
Baumachat 4
Bergkristall 1
Bergkristall 2
Bernstein 1
Bernstein 6
Blauer Chalcedon 5
Blauer Topas 3
Blauquarz 0
Braun-beiger Capuccinojaspis 0
Charoit 2
Charoit 5
Charoit 9
Chrysokoll 3
Chrysokoll 6
Citrin 1
Coelestin 8
Covellin 3
Edelserpentin 9
Epidot/Unakit 6
Falkenauge 7
Fluorit 8
Girasolquarz 8
Granat 1
Granat 4
Heliotrop 5
Honigcalcit 9
Jaspis 9
Karneol 2
Kunzit 7
Kunzit 9
Labradorit 4
Lapislazuli 3
Larimar 0
Lepidolith 9
Magnesit 8
Malachit 3
Malachit 6
Mondstein 2
Mookait 4
Moosachat 5
Morganit 6
Morqui Marbles 6
Natur-Diamant 1
Obsidian 3
Opal 2
Orangencalcit 7
Orthoklas 9
Peridot 9
Perle 2
Prasem 7
Prehnit 2
Pyrit-Grüppchen 6
Pyritsonne 0
Rauchobsidian 8
Rauchquarz 9
Rhodonit 8
Rosenquarz 2
Rosenquarz 6
Rubin 1
Rutilquarz 1
Rutilquarz 4
Saphir 8
Sardonyx 4
Schwarzer Turmalin 2
Schwarzer Turmalin 8
Selenit 3
Silberauge 7
Smaragd 2
Smaragd 5
Sodalith 3
Sodalith 5
Sonnenstein 1
Stromatolith 0
Sugilit 0
Sugilith 3
Tigerauge 1
Tigerauge 5
Topas Imperial 1
Türkis 4
Versteinertes Holz 2
Vesuvian 0
Wassermelonenturmalin 0
Weißer Labradorit 9
Zoisit 4

Edelstein-Essenzen zu den zehn Zahlen

Nichts auf der Welt ist so mächtig,
wie eine Idee, deren Zeit gekommen ist.
VICTOR HUGO (FRANZÖSISCHER SCHRIFTSTELLER)

Mit Heilzahlen informierte Edelstein-Zahlen-Essenzen sind eine gute Alternative, wenn man einen Stein nicht bei sich tragen kann oder möchte. Sie helfen zur Selbsterkenntnis, zur harmonischen Entfaltung und zur Stabilität der Persönlichkeit. Jede Krankheit, sei es körperlich, geistig oder seelisch, gibt uns eine spezielle Botschaft, die es zu erkennen gilt: an welchem Punkt wir in unserem Leben stehen und was verändert bzw. transformiert werden will.

Edelstein-Zahlen-Essenzen sind ein sehr wirksames und gut einsetzbares Werkzeug, um auf den verschiedensten Ebenen eine Wirkung zu erzielen. Sie wirken vierdimensional über Geist, Seele, Verstand und Körper.

Die Auswahl der Essenzen kann intuitiv erfolgen oder aber über die Berechnung der Zahlen. Wenn Ihre Schicksalszahl z. B. die 5 ist, nehmen Sie die 5er-Essenz-Mischung; ist Ihnen momentan Ihr Lebensziel wichtig, so nehmen Sie die Essenz dieser Zahl.

Die Edelstein-Essenzen sind versiegelt, es können keine Informationen oder Störfaktoren von außen in die Essenzen eindringen (Elektrosmog, Erdstrahlen, Wasseradern, elektrische Hochspannung udgl.).

Edelstein-Zahlen-Essenz 1
Wichtige Themen: »Ich-Bin-Bewusstsein« – Selbstbewusstsein – Selbstvertrauen – Individualität – Pionier und Vorbild sein – Führungsqualitäten und eigene Wirkungskraft steigern – mit Schöpferkraft, Mut und Stärke die **Vollkommenheit** auf allen Ebenen des Lebens anstreben.

Edelstein-Zahlen-Essenz 2
Wichtige Themen: Diplomatie – Einfühlungsvermögen – Harmonie – Sensitivität – Intuition – mediale Begabungen stärken – Teamplayer sein

– inneren Frieden finden – Schattenseiten beleuchten, so dass **Erleuchtung** stattfinden kann.

Edelstein-Zahlen-Essenz 3
Wichtige Themen: Kreativität – Lebensfreude – Glück – Optimismus – gute Laune – Zuversicht – innere Ruhe – Entspannung – Verbindung zum inneren göttlichen Wesen – **Sinnfindung des Lebens**.

Edelstein-Zahlen-Essenz 4
Wichtige Themen: Ordnung – Kultivierung – Realisierung – Wohlstand – Stärke – Sicherheit – Stabilität – gutes Gedächtnis – geduldig – praktisch – ehrlich – loyal – Verbindung zu Natur und Tieren – Aussöhnung mit der Vergangenheit und die **eigene Berufung erkennen und leben**.

Edelstein-Zahlen-Essenz 5
Wichtige Themen: Organisation – Kommunikation – Abenteuer – Dynamik – künstlerische Begabung – aktiv, impulsiv und schlagfertig sein – rasche Auffassungsgabe haben – mit Leichtigkeit leben – Gefühle wahrnehmen und aus dem Herzen leben – Freiheit auf allen Ebenen erlangen und in **Selbstbestimmung das Leben meistern**.

Edelstein-Zahlen-Essenz 6
Wichtige Themen: Schönheit – Ästhetik – Sanftheit – Erdverbundenheit – Balance – Sinnlichkeit – als sozialer, familiärer Mensch leben – ausgeglichen – zuverlässig – hilfsbereit – vorausschauend – verantwortungsvoll – sich fair für Wahrheit, Gerechtigkeit und Frieden einsetzen und dazu die **bedingungslose Liebe** in die Welt tragen.

Edelstein-Zahlen-Essenz 7
Wichtige Themen: Ego abbauen – Grenzen sprengen – Wohlstand – Fülle – mit Charme, Menschenkenntnis und scharfer Beobachtungsgabe im Fluss des Lebens stehen – aus dem Herzen heraus handeln – tiefe Einsichten erlangen und sich selbst als **göttliches Wesen** wahrnehmen und sich mit Spiritualität, Intuition und Weisheit im »All-Eins-Sein« wohlfühlen.

Edelstein-Zahlen-Essenz 8
Wichtige Themen: Fairness – Ausdauer – Disziplin – Verantwortung – Verlässlichkeit und Hingabefähigkeit, um sich selbst zu verwirklichen – Mangeldenken und Schattenseiten auflösen – Illusionen erkennen (Transformation des menschlichen Egos) – Gerechtigkeit und Ausgleich in jede Lebenssituation bringen – aus dem **Herzen vergeben und verzeihen**.

Edelstein-Zahlen-Essenz 9
Wichtige Themen: Wandlung und Transformation – Übergang in eine neue Ebene mit einem höheren Bewusstsein – große Verantwortung – ungeahnte Möglichkeiten – starker Charakter – große Selbstsicherheit – Toleranz – bedingungslose Liebe zur Menschheit und zur ganzen Schöpfung – **individueller Weg in die persönliche Meisterschaft**.

Edelstein-Zahlen-Essenz 0
Wichtige Themen: Offenheit – Wertfreiheit – Objektivität – Wanderer sein zwischen den Welten – gemeinschaftliche Ideale unterstützen – »Handeln zum Wohle aller und keinem zum Schaden« – Verbindungen von Gegensätzen, Prinzipien und Dogmen schaffen – **im »Hier und Jetzt« sein**.

Worte zum Abschluss

Einfach, wirkungsvoll, ohne Nebenwirkungen –
eine großartige, naturbelassene Heilanwendung.
EDITHA WÜST (NUMEROLOGIN)

Liebe Leserinnen und Leser, –

da ich, Editha Wüst, seit Jahren mit Edelsteinen, Kristallen, Numerologie und alternativen Heilmethoden arbeite, Menschen, die zu mir kommen, gerne berate, freue ich mich sehr, dass ich nun mein Wissen mit diesem Buch weitergeben darf. Auch von der geistigen Welt bekam ich viel Unterstützung, Impulse und Anregungen. So möchte ich mich bei allen herzlichst bedanken.

Auch ich, Sabine Schieferle, freue mich, dass ich wieder ein Teil dieses Buch-Projektes sein durfte. Altes Wissen wurde aufgefrischt, viel Neues kam hinzu. Nun beginnt für mich, wie für Sie, lieber Leser, die Zeit der praktischen Anwendung.

Unseren Lesern wünschen wir das Allerbeste, viele neue Inspirationen und göttliche Fügungen, damit Sie Ihren Schicksalsweg mit Liebe, Kraft, Freude und Mut gehen können. Entfalten Sie sich auf allen Ebenen und erkennen Sie Ihre eigene Schöpferkraft an. Vertrauen und Geduld sollen Sie auf Ihrem Weg begleiten.

Herzlichst und in Verbundenheit
Editha Wüst und Sabine Schieferle
Stadtbergen, Neusäß

Bei weiteren Fragen können Sie sich gerne an Frau Wüst wenden:

Editha Wüst: wuest.editha@gmx.de
www.edithas-seelenwellness.de

Die Edelstein-Zahlen-Essenzen sind über Editha Wüst zu beziehen.

Literatur- und Quellenverzeichnis

Bengel, Christine: Numerologie in der Praxis, Kailash, München 2005

Costelloe, Marina: Wunscherfüllung mit der Kraft der Steine, Neue Erde, Saarbrücken 2009

Crawford Saffi/Sullivan, Geraldine: Das große astrologische Hausbuch für jeden Geburtstag, Scherz, Frankfurt am Main 2005

Gienger, Michael: Die Steinheilkunde, Neue Erde, Saarbrücken 1995

Gienger, Michael: 430 Heilsteine, Neue Erde, Saarbrücken, 2005

Grimaître, Rolphe Alcide: Edelstein-Elexiere, Neue Erde, 2006

Hamann, Brigitte: Die zwölf Archetypen, Knaur, München 1991/ 1997

Hulke, Waltraud-Maria: Das Farben Energiebuch, Windpferd, Aitrang 1996

Kraaz, Ingrid S./von Rohr, Wulfing: Die richtige Schwingung heilt, Goldmann, 1992

Kühni, Werner/von Holst, Walter: Taschenlexikon der Heilsteine, AT, 2009

Muths, Christa: Farbtherapie, Heye, München 1989

Neumayer, Petra: Heilen mit Zahlen, Verlag Mankau, Murnau 2011

Newerla, Barbara: Sterne und Steine, Neue Erde, Saarbrücken 2007

Parker, Steve: Steine und Mineralien, Bertelsmann, München 1999

Ponert, Madeleine: 100 Steine zum Licht, Smaragd, Woldert 2008

Schilling, Inge & Gerd: Symbolsprache Farbe, Spurbuchverlag, 2008

Sharamon, Shalia/Baginski, Bodo J.: Edelsteine und Sternzeichen, Windpferd, Durach 1989/2000

Strebel, Annemarie: Farben Kinder des Lichts, Windpferd, Aitrang 2001

Sonnenberg, Petra: Heilende Steine von A – Z, Iris, Amsterdam 2000

Vorreiter, Gunther: Die Heilenenergie der Edelsteine, Spurbuchverlag 2006

Wüst, Editha/Schieferle, Sabine: Das große Handbuch der Numerologie, Neue Erde, Saarbrücken, 2010

Mit diesem umfassenden Handbuch haben Sie die Möglichkeit, über Geburtsdatum und Namen eines Menschen ein vielschichtiges Charakterbild zu bekommen: Wie ein Mensch nach außen wirkt, was ihn im Herzen bewegt, welches sein Schicksalsweg ist, was sein Lebensziel ist und wo seine Stärken und Schwächen liegen. Wohl noch in keinem Numerologiebuch wurde dieses Deutungssystem so profunde und schlüssig dargestellt. Man spürt in jeder Zeile die jahrelange praktische Erfahrung mit persönlichen Beratungen und Ausbildungen. Mit diesem Buch möchten die Autorinnen der Leserin/dem Leser helfen, seinen Lebensweg zu finden, sich selbst zu erkennen und dadurch zu heilen.

Editha Wüst, Sabine Schieferle
Das große Handbuch der Numerologie
Mit den Zahlen sich selbst erkennen
Klappenbroschur, 240 Seiten,
mit vielen Übersichten und Tabellen
ISBN 978-3-89060-559-3

Das kleine Verzeichnis für den schnellen Überblick: Die wichtigsten mineralogischen und heilkundlichen Informationen zu 555 Heilsteinen werden hier knapp und übersichtlich und doch sorgfältig und genau in Wort und Bild dargestellt.

Zuverlässig auf dem neuesten Stand gibt es zu jedem Stein ein Bild und Angaben zu Mineralogie, Indikationen – körperlich, geistig (spirituell), mental (Verstand, Denken) und seelisch – und Verfügbarkeit, sowie einen Literaturverweis für ausführlichere Informationen.

Michael Gienger
Heilsteine – 555 Steine von A-Z
Paperback, 128 Seiten, Taschenformat,
mit 555 Farbfotos
ISBN 978-3-89060-748-1

Steinheilkunde ganz leicht gemacht: Mit nur zwölf Steinen deckt die »Heilsteine-Taschenapotheke« viele Anwendungsbereiche einer Hausapotheke ab. Von Allergien bis Zahnschmerzen finden Sie für Anliegen aller Art den richtigen Stein. Verständlich und übersichtlich werden in zwölf Kapiteln viele Beschwerden sinnvoll zusammengefasst und die passenden Heilsteine sowie deren Anwendung vorgestellt. Das handliche Büchlein bietet die Essenz der modernen Steinheilkunde. Mit den zwölf Heilsteinen dieser Taschenapotheke können Sie viel für Ihre Heilung und Gesunderhaltung tun.

Michael Gienger
Die Heilsteine-Taschenapotheke
Mit wenigen Steinen viel bewirken
Paperback, 64 Seiten, Taschenformat,
durchgehend farbig bebildert
ISBN 978-3-89060-613-2

Oft kopiert, nie erreicht

Dieses Buch bietet im ersten Teil die Grundlagen der Steinheilkunde, wie und warum sie wirkt. Im zweiten Teil werden über hundert Steine ausführlich vorgestellt, die heilkundlich bereits gut erforscht sind. Die vielfältigen Aspekte der Heilung von Körper, Geist und Seele durch spezifische Steine werden hier ausführlich beschrieben.

Michael Gienger
Die Steinheilkunde
Ein Handbuch
Paperback, 448 Seiten, mehr als 100 Farbtafeln
ISBN 978-3-89060-648-4

Die Steinheilkunde ist in den letzten Jahren von vielen Praktikern weiterentwickelt worden. So konnten in dieser Neuausgabe viele Heilanwendungen aufgenommen werden, die sich in der Praxis bewährt haben. Dabei beschränkt sich Michael Gienger nicht auf die Steine allein, sondern er zeigt, wie sie sinnvoll ergänzt oder als Unterstützung auch bei schwerwiegenden Erkrankungen herangezogen werden können. Das Hausbuch für alle, die mit Steinen heilen wollen.

Michael Gienger
Die Heilsteine Hausapotheke
Hilfe von A wie Asthma bis Z wie Zahnschmerzen
Paperback mit Klappen und Fadenheftung,
320 Seiten, mit 16 Farbtafeln
ISBN 978-3-89060-078-9

Sardonyx-Wasser gegen Tinnitus, Chrysopras-Wasser zur Entgiftung und Entschlackung, Aquamarin-Wasser bei Allergien – die Liste der Edelsteinwasser, die heute erfolgreich bei Beschwerden und Erkrankungen eingesetzt werden, ist lang. Die Tradition der Edelsteinwasser reicht zurück bis in die Antike. Dank der modernen Wasserforschung können wir heute viele dieser Erfahrungen verstehen und erklären. Das macht uns den Zugang und den richtigen Umgang mit Edelsteinwassern leichter.

Michael Gienger, Joachim Goebel
Edelsteinwasser
Herstellung Anwendung Wirkung
Klappenbroschur, 192 Seiten, durchgehend farbig
ISBN 978-3-89060-732-0

Nach einigen kurzen Grundlagen werden vorab die Edelsteine genannt, die wegen ihrer giftigen oder gesundheitlich abträglichen Absonderungen keinesfalls verwendet werden dürfen, anschließend werden 96 Wassersteine von A - Z und ihre spezifischen Wirkungen vorgestellt.

»Wassersteine« fasst die Grundlagen des »Edelsteinwasser« zusammen und dient so sowohl als kleines Nachschlagewerk für den täglichen Gebrauch, wie auch als leichter Einstieg für Neulinge.

Michael Gienger
Wassersteine
Das Praxisbuch zum Edelsteinwasser
Paperback, Taschenformat, 96 Seiten, durchgehend farbig illustriert
ISBN 978-3-89060-260-8

Neue Erde im Buchhandel

Neue Erde ist ein kleiner unabhängiger Verlag, und der unabhängige Buchhandel ist unser natürlicher Partner. Wir unterstützen die Initiative »buy local«.

Sollte es Lieferschwierigkeiten bei den Büchern von NEUE ERDE geben, lassen Sie immer im VLB (Verzeichnis lieferbarer Bücher) nachsehen, im Internet unter **www.buchhandel.de**

Alle lieferbaren Titel des Verlags sind für den Buchhandel verfügbar.

Auch mobil können Sie, zum Beispiel mit der App von LChoice, unsere Bücher beim örtlichen Buchhändler kaufen.

Sie finden unsere Bücher auch auf unserer Homepage **www.neue-erde.de** oder in unserem Gesamtverzeichnis, welches Sie gerne hier anfordern können:

NEUE ERDE GmbH
Cecilienstr. 29 · 66111 Saarbrücken
info@neue-erde.de